KITSCH

AS KITSCH CAN

Ein Konsumführer für den schlechten Geschmack

KITSCH

AS KITSCH CAN

Ein Konsumführer für den schlechten Geschmack

PETER WARD

ÜBERSETZT VON STEPHEN TREE

ELEFANTEN PRESS

Ohne den verschwenderischen Zug unseres Wirtschaftssystems gäbe es keinen Kitsch – und das wäre jammerschade. Der moderne Kitschliebhaber ist ein wahrer »Grüner«, ein kultureller Wiederverwerter – er wühlt sich durch den großen Gebrauchtwarenhaufen hindurch und bringt das, was ihn lachen macht, in Sicherheit, um dann eine rüde Geste in Richtung »guten Geschmack« und aller anderen gesellschaftlichen Regeln und Vorschriften zu machen, nach denen wir uns angeblich zu richten haben.

KITSCH AS KITSCH CAN

ZU DIESER AUSGABE

Kitsch ist längst zu einem internationalen Kulturphänomen geworden. In den achtziger Jahren seinem pupertären Kultstatus entwachsen, sprudelt Kitsch nun als eine der neuen Inspirationsquellen der neunziger Jahre. Um so mehr kann man sich unter dem heraufziehenden Sternenhimmel eines europäischen Marktes Bücher über spezifisch deutschen Kitsch allmählich schenken, zumal gerade unsere britischen Nachbarn in dieser Beziehung deutlich auf der Innenbahn und ganz vorne liegen. Keine andere Nation hat sich so beispielhaft wie England immer wieder und derart vergeblich bemüht, schlechten Geschmack abzuschaffen und Regeln des guten Geschmacks durchzusetzen, – auch wenn inzwischen grelles Moos über den wohlgemeinten Bemühungen des verflossenen Empires wächst. Zu Recht gilt England bis heute als Spitzenreiter auf den Gipfeln des Kitschs, erst in den weiten Ebenen des Massenkonsums folgen – dicht auf der Achillesferse des Geschmacks – die USA.

In der öffentlichen Debatte über Geschmack und Kitsch gehört der Autor, Mr. Peter Ward, zu den exponierteren Vertretern. Mit »Kitsch as Kitsch can« wagt er sich an die heiligen Kühe der postmodern geschwängerten Kultur in den siebziger und achtziger Jahren bis zu den ästhetischen Schmerzgrenzen der unmittelbaren Gegenwart vor. Dabei werden die fünfziger und sechziger Jahre mit all ihren längst zum Allgemeinwissen versteinerten und gesicherten Erkenntnissen über Kitsch und Nicht-Kitsch unbefangen bewertet und um überraschende Aspekte einer gnadenlosen Ehe zwischen Kitsch und der internationalen Musik-, Film-, Fernseh- und Modeproduktion bereichert.

Peter Ward hat mit diesem Buch den Kitsch endgültig rehabilitiert und sich damit nicht nur beliebt gemacht, beleidigte Designer schmollen am Wegesrand. Durch seine oft provokanten Thesen wird unsere eher enge Sicht im Streit um Kultur, Kitsch und guten Geschmack aufgefrischt. Dabei erwies es sich als überflüssig, die Illustrationen um Beispiele aus dem spezifisch deutschen Kitschrepertoire zu ergänzen. Der spezielle Charakter der englischen Originalausgabe bleibt erhalten, ohne daß Lesevergnügen oder Verständnis darunter im geringsten leiden. Im Gegenteil, der Kitsch aus der Sammlung in den eigenen vier Wänden bleibt – von wenigen gut gewählten Beispielen abgesehen – draußen vor der Tür; kein arrogantes Urteil über röhrende Hirsche, Gartenzwergkultur und Alf im bayrischen Folkloredress. Doch zwischen den Zeilen begreifen wir die Geschichte gerade auch des deutschen Nachkriegskitschs und das wahre Schlangenwesen des echten, des heimlichen, des eigenen Kitschs, den unser ewig individueller Geschmack gebiert.

Legitimiert und geadelt durch eine hitzig scharfe Debatte in den englischen Medien und den konträren Lagern von britischen Kitschvereinen und Clubgemeinden (die Britannien wirklich noch einmal groß macht), erscheint dem Verlag die vorliegende Konsumbibel für den schlechten Geschmack ausreichend autorisiert, um auch in Deutschland einen wirkungsvollen Beitrag zur Rehabilitation des Kitsches zu leisten. Deshalb dankt der Verlag Stephen Tree, auch im Namen aller Leser, für die sorgfältige Übertragung ins Deutsche, die dem besonderen Humor des englischen Originaltextes in nichts nachsteht. Sandra Wake von Plexus Publishing in London danken wir für ihren besonderen Geschmack bei der Veröffentlichung der englischen Originalausgabe und die gute Zusammenarbeit bei der Drucklegung der vorliegenden deutschen Fassung.

Mit diesem Traktat in der Hand darf sich der digitalisierte Konsument der neunziger Jahre in der beruhigenden Sicherheit wiegen, daß nun auch in Fragen des Geschmacks nichts mehr so bleibt, wie es ist.   Tom Fecht

INHALT

GESCHMACK & GESCHICHTE

SCHMERZGRENZEN DER ÄSTHETIK 6
Die industrielle Massenproduktion:
  Sintflut der Waren 9
Als der Kitsch das Laufen lernte 12
Kitsch wird volljährig 14
Schlechter Geschmack
  mit dem feinen Unterschied 16

ALLTAG

TRAUTES HEIM –
  SCHMERZ FÜRS HERZ 21
Heute die Zukunft von gestern:
  50er Jahre und mehr 22
Im Jenseits der 70er Jahre 26
Langweiler City 28
Gott und die Mona Lisa 30
Der größte Künstler der
  Welt: Vladimir Tretchikoff 32
Zwischen Designer-Kitsch
  und Souvenir am Kiosk 35

FILM

TENNAGER TRÄUME TINNEF 39
Low-Budget-Kitsch 40
Der Film macht Kasse:
  »Exploitation Movies« 43
chund & Schauer 48
Könner wider Willen 49
Sex macht Kasse 52
König Kotzek 59
Die schönste Frau der Welt 62
Vom Schundfilm zum Kultfilm: Neokitsch 62

MUSIK

SCHOCK AROUND THE CLOCK 66
Die Stimme seines Herrn: Phonokitsch 68
Kitschy-Teeny-Bopper-Bini 70
Vor Nachahmungen wird gewarnt 71
Die heißen Melodien der Muttis und Vatis 74

Mit Konzertflügeln in den
  Himmel – Liberace 74
Alles Pop, alles Neu 76
Musikstars ohne Stimme 78
Flitter & Glitzer:
  Goldene Jahre mit Glamour Rock 79
Die neue Romatik 81
Pop frißt seine Kinder 82
Aus den Augen aus dem Sinn 84
Und die Musik spielt dazu 85

KUNST & DESIGN

IM PANTHEON DES KITSCHS 87
Anti-Kunst (Teil I) 87
Der Künstler als Trickbetrüger (Teil I) 89
Anti-Kunst (Teil II) 92
Der Künstler als Trickbetrüger (Teil II) 94
Designer-Kitsch: Grafik 98
Designer-Kitsch: Möbel 100

MODE

IM SCHATTEN DES LAUFSTEGS 104
Von Kopf bis Fuß auf Mode eingestellt 106
Pop und Mode, Mode und Pop 110

TV

ALLES SO SCHÖN BUNT HIER 113
Für Geld und gute Worte 114
Talent – verzweifelt gesucht 117
Die Badewanne als Bühne: Seifenopern 118
Die endlose Komödie: Suburbia 121
Von unheimlich über
  schräg bis ausgefallen 123
Als Kitsch geboren 125
Kein Entrinnen – Der Trend zum
institutionalisierten
Kitsch 127

Bildnachweis . . . 128

SCHMERZGRENZEN DER ÄSTHETIK

»Um schlechten Geschmack zu genießen, braucht man einen sehr, sehr guten Geschmack.«
John Waters

Hier kann man nur den Vogel zeigen. Eine ungewöhnliche Messingvariation der Porzellan-Entengruppen, die in den dreißiger Jahren populär wurden. Flugenten gehörten zu den ersten Opfern, die in größerem Stil als Haushaltsdekoration herhalten mußten. Als Kitsch neu bewertet, schafften sie die kurze Flugstrecke von den gemusterten Tapeten des Vorkriegsproletariats auf die weißgetünchten Wände der Mittelklasse in den frühen siebziger Jahren. Die Vögel (rechts) berühren unsere übelsten Seiten fast genauso erfolgreich wie die Knuddel- und Schmusetiere daheim oder die verzweifelten Stoffwesen hinter den Autofenstern der 90er Jahre.

Entscheidend für jedes Verständnis von Kitsch ist der Begriff des Geschmacks. Kitsch bietet seinen wählerisch bis vorurteilslosen Fans einen vielfältigen Warenkorb abgeschmackter Freuden. Will man jedoch der eigentlichen Verführung seiner schreiend unterschiedlichen Reize auf den Grund gehen, muß man zumindest einigermaßen begreifen, was es mit dem Geschmack auf sich hat. Denn wer keinen ausgeprägt guten Geschmack hat, wird Kitsch gar nicht zu würdigen wissen (selbst wenn man sich mit ihm umgibt). Als Geschmack bezeichnen wir unsere Fähigkeit, etwas Schönes zu genießen und zu erkennen. Die Entscheidung, was geschmackvoll ist und was nicht, wird wie bei jedem anderen Urteil auch aus jener merkwürdigen Mischung von Einflüssen verschiedenster Epochen und Ursprünge bestimmt. Daß Menschen ganz unterschiedliche Vorlieben und Abneigungen oder eben Geschmäcker haben, ist nichts neues, aber erst im Frankreich des siebzehnten Jahrhunderts kam erstmals der Gebrauch des Wortes »Geschmack« als Begriff für einen identifizierbaren Maßstab des ästhetischen Gefühls auf. Damals entwickelte sich diese Konzeption in einer Phase mit vielfältigen Auswahl- und Entscheidungskriterien, in der alle, die auf sich hielten, die Notwendigkeit er Abgrenzung verspürten, um das, was in Kunst, Gestaltung und Literatur »gut« war, klar zu definieren. »Geschmack« wurde zum Schlüsselwort der gepflegten Konversation in den Pariser Salons, Orten, wo sich die Intellektuellen und Künstler der Zeit trafen, um sich gewichtig über die Wissenschaft des Schönen auszulassen, die wir heute als »Ästhetik« bezeichnen. Offensichtlich hatten diese Leute eben keine anderen Sorgen.

Die Kenner waren eine gebildete und wohlhabende Mafia, die sich in den europäischen Kaffeehäusern, Teestuben und Wohnzimmern des achtzehnten Jahrhunderts versammelte und die ersten Spielregeln des Geschmacks festlegte. Lord Chesterfield war ein bemerkenswertes Beispiel dieser Spezies. Das Gemälde von E. M. Ward zeigt das Vorzimmer dieses edlen Kenners.

Zunächst schienen nur ganz wenige Leuten über einen »guten Geschmack« zu verfügen, Eingeweihte, die dem Klerus, dem Gelehrtenstand, der Kunst und der wohlhabenden Gesellschaft angehörten – durch einen merkwürdigen Zufall just die gleichen Leute, die bestimmten, was »Geschmack« war. Für diese frühen Ästheten war Geschmack etwas ungeheuer Subtiles und fast unerreichbar. Wie viele kleine Gruppen, die meinen, allein die Wahrheit gepachtet zu haben, sprachen sie ihrem intellektuellen Eigentum grandiose Eigenschaften zu. Dem Earl von Shaftesbury (1671 bis 1713) zufolge kam der Besitz von Geschmack »dem Erwerb eines neuen Sinnesorgans oder einer neuen seelischen Empfindungsmöglichkeit« gleich, und Joseph Addison (1672–1719) meinte, sobald sich Geschmack allgemein durchgesetzt hätte, würden auch Laster und Unwissenheit aus der Gesellschaft verschwinden (und damit hatte er durchaus recht).

Seit diesen hochnäsigen Anfängen hat die Frage des guten oder schlechten Geschmacks die Gemüter ihrer Subjektivität wegen erregt. Die Römer erkannten das lange vor den höflichen Disputen der besseren Gesellschaft des siebzehnten

Jahrhunderts: das lateinische Wort »De gustibus non est disputandum«, also »über Geschmack läßt sich nicht streiten«, ist die erste Formulierung dieser Binsenwahrheit. »Des einen Kuckuck ist des anderen Nachtigall.« Damit wurde jahrhundertelang jede Auseinandersetzung über die Kontroversen persönlicher Wahl und Anschauung zu Fall gebracht.

Doch selbst die frühen Geschmacksrichter konnten sich über das Wesen dieser wunderbaren Eigenschaft nicht einig werden. Einige behaupteten, ästhetischen Urteilen lägen geheimnisvolle innere Kräfte zugrunde, die sich nicht weiter analysieren ließen, während andere der Meinung waren, Geschmack sei ein rationales, meßbares Phänomen, das sich wissenschaftlich bestimmen ließ. Der Philosoph David Hume (1711–1776) vertrat eine solch subjektivistische Ansicht, indem er argumentierte, daß »Schönheit nicht eine Eigenschaft ist, die den Dingen innewohnt, sie existiert nur in der Wahrnehmung des Betrachters«, während sein Zeitgenosse Immanuel Kant (1724 bis 1802) daran festhielt, daß ästhetische Urteile universale Gültigkeit hatten.

DIE INDUSTRIELLE MASSENPRODUKTION: SINTFLUT DER WAREN

Keiner der beiden großen Philosophen konnte voraussehen, wie explosionsartig sich die unmittelbar bevorstehende industrielle Revolution auf den Geschmack auswirken würde. Die durch die industrielle Revolution einsetzende Ära der Massenproduktion sollte alle Gesellschaftsschichten in Konsumenten verwandeln und die Frage des Geschmacks von den Salons verbannen und auf die Straßen treiben. Die Verwandlung der agrarischen Gesellschaft in eine industrielle hatte für die Wirtschaft und Gesellschaft der Zeit gewaltige strukturelle Veränderungen zur

Daß guter Geschmack eine sehr subjektive Angelegenheit ist, zeigt z.B. dieses fragwürdige Ensemble von Schneiderkünsten und das pompöse Gehabe der Dandies (oben), die im frühen neunzehnten Jahrhundert in Dingen des Geschmacks das Sagen hatten. Die Viktorianer gingen in dieser Mission mit der »Großen Ausstellung« (links) etwas anspruchsvoller, aber plumper vor. Für die Mittelklasse konzipiert, sollte sie ihr konkreten Anschauungsunterricht in Sachen guter Geschmack vermitteln.

Henry Cole (ganz oben) war entsetzt bei dem Gedanken, daß eine Welt der Massenproduktion von Objekten überschwemmt würde, die seinen heren Qualitätsmaßstäben in keiner Weise entsprachen. Übertreibung war jedoch keineswegs ein Problem der Briten allein; das Aquarell zeigt den Entwurf für einen Thron des Bayernkönigs Ludwig auf Schloß Herrenchiemsee, Deutschland.

Folge, die unter anderem auch eine besser informierte und ausgebildete Bevölkerung mit sich brachten. Die Bauern, die in die Städte zogen und das Heer der Arbeitskräfte für die industrielle Revolution stellten, verloren bald ihre Verbindung zur ländlichen Volkskultur, eine neue Industriekultur der Waren begann sich zu entwickeln.

Zu Beginn der Viktorianischen Ära hatte es einen gewaltigen Zuwachs der allgemeinen Nachfrage nach Industrie- und Handelswaren gegeben, der von der technologisch bedingten und gewaltig angestiegenen Produktions-Kapazität noch angeheizt wurde. Die Massenproduktion machte Konsumwaren nun auch all denjenigen zugänglich, die sehr viel weiter unten auf der gesellschaftlichen Rangleiter standen. Ein Prozeß, der den Begriff des Geschmacks sehr vielschichtig machte, da ein einziger Standard für die vielen zusätzlichen und neuartigen Konsumentengruppen nicht mehr akzeptabel war. Auch wenn seine Anhänger ein langes Rückzugsgefecht antraten, Geschmack war als elitärer Begriff, bei dem es nur um die verfeinerte künstlerische Kennerschaft einiger weniger ging, mittelfristig hinfällig geworden.

Viele der wohlmeinend-hochgesinnten Ästheten empfanden die Produkte der neuen Massenkultur als geschmacklos und waren äußerst besorgt, die rapiden Veränderungen in Mode und Gestaltung könnten die geschmacklichen Richtlinien durcheinanderbringen. In England, wo die Exzesse schlechter Gestaltung besonders kraß zutage traten, hielten es Prinz Albert, Henry Cole und ein paar andere Oberschichtler für geboten, den Mittelklassen, die all das Zeugs kauften, einen Sinn für Ästhetik beizubringen, und sie führten die »Große Ausstellung« von 1851 ausdrücklich in dieser Absicht durch. Jedes Ausstellungsstück wurde »seines exemplarischen Konstruktionsprinzips oder seiner ebensolchen Ornamentik wegen ausgewählt … und es wäre sehr zu wünschen, daß sich die Aufmerksamkeit unserer Studenten und Fabrikanten darauf richten würde«, wie es in einem zeitgenössischen Werbetext hieß.

Die Ausstellung war außerordentlich erfolgreich, hatte aber nicht die didaktische Wirkung, die sich der gute Prinz versprochen hatte. Sie wurde ein Jahr später in Henry Coles Museum für Industrieerzeugnisse in Marlborough House in Pall Mall erneut zusammengetragen. Cole beschloß, schlechtes Design weit direkter anzuprangern, indem er einen von ihm als »Schreckenskammer« bezeichneten Raum einrichtete, um Waren auszustellen, die sein ästhetisches Empfinden verletzten. Cole und seine Kollegen wußten ganz genau, was falsche Gestaltungsprinzipien ausmachte: Mangel an Symmetrie, mangelhafte Beachtung struktureller Formen, formloses Durcheinander und die Konzentration auf oberflächliche Gestaltungsaspekte. Doch ein Publikum, das nicht verstand, worum es ihnen ging, machte sich über diese Bemühungen lustig, und es versteht sich von selbst, daß die wenig geschmeichelten Fabrikanten ultimativ ihre Waren aus der Ausstellung zurückzogen; die Schreckenskammer ging früh baden.

Den guten Geschmack derartig anzupreisen, war in der Tat zum selbstzerstörerischen Unterfangen geworden. Sobald eine Nachfrage nach Objekten, die aus-

Um die Barrikaden ihrer Geschmacksvorstellung zu verteidigen, lieferte sich die Mittelklasse des ausgehenden neunzehnten Jahrhunderts wahre Rückzugsgefechte, Ort der Handlung waren die Kaffeehäuser und Salons der bekannten Welt. Doch die Massenproduktion machte immer niedrigeren sozialen Schichten immer mehr Güter zugänglich. Wie erfolgreich diese Bemühungen der Mittelschicht waren, kann an Objekten ermessen werden, die kaum ein Jahrhundert später zu begehrten Sammlerobjekten avancierten, wie z. B. diese Nußknackerbeine aus Messing.

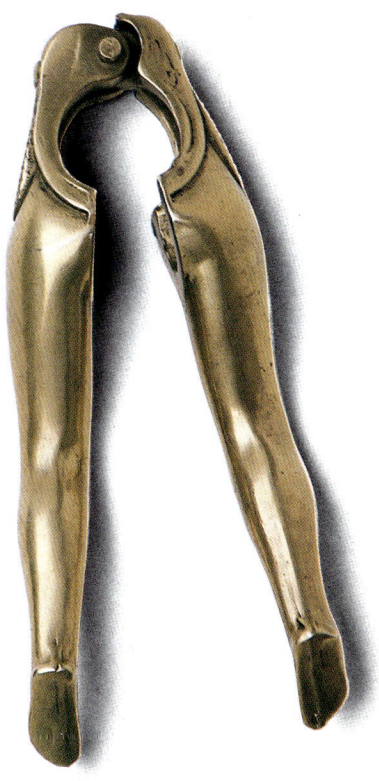

sagten »ich habe einen guten Geschmack«, entstand und man diese Objekte durch Massenproduktion erzeugen konnte, kamen um so mehr Leute in ihren Besitz, um den guten Geschmack nun für sich in Anspruch zu nehmen, auf den sie als Käufer Anspruch zu haben glaubten. Aber dieser unmittelbare und massenhafte Erwerb und Besitz bedeutete auch, daß die fraglichen Objekte ihren exklusiven Nimbus verloren, der ja wesentlich zu ihrer Anziehungskraft als Symbol des guten Geschmacks beigetragen hatte. Die Hoffnung, durch das Kopieren von exklusiven Objekten, die als geschmackvolle Waren angesehen wurden, selber als geschmackvoll zu gelten, führte nur noch mehr zu Objekten, die noch weiter verbreitet und damit wertlos waren. Auch eine andere Regel des guten Geschmacks wurde damit verletzt: Geschmack zu haben bedeutete, auf aufgeklärte Weise ein persönliches Urteil zu fällen. Aber wenn man nur kopierte, was andere Leute bereits für gut befunden hatten, wurde die eigene Urteilsfähigkeit nahezu gegenstandslos. Diese bourgeoise Mitläuferbewegung war alles andere als der Anbruch eines neuen Zeitalters allgemeiner Urteilsfähigkeit. Was damals aus der Taufe gehoben wurde, war aller Laster Anfang, die Geburt des Kitschs beschlossene Sache. Daran hat sich bis heute nicht viel geändert – nur, daß die Leute heute versuchen, ihre ästhetischen Pluspunkte dadurch zu sammeln, daß sie sich eine scheußlich gerahmte Rembrand- oder Turnerreproduktion an die schokofarbene Textiltapete hängen.

Dieses Unterwasserfantasie-Gebilde ist in Wirklichkeit eine Lampe, wahrscheinlich für alle bestimmt, die meinen, im Meer sei es sehr hell. Natürlich ist sie das ideale Mitbringsel aus Südfrankreich, wo solche Souvenirs seit den vierziger Jahren angeboten werden.

ALS DER KITSCH DAS LAUFEN LERNTE

Trotz der Bemühungen verschiedener ästhetischer Menschenfreunde des Viktorianischen Zeitalters, einen guten Geschmack durchzusetzen, gab es wenig Anzeichen für Besserung, als der Markt für Massenproduktion nun auch die gesellschaftlich noch tiefer stehende Arbeiterklasse erfaßte. In den Jahren zwischen der »Großen Ausstellung« und dem Ersten Weltkrieg nahm die Bevölkerung Westeuropas und Nordamerikas gewaltig zu. Diese Bevölkerungsexplosion führte zu demographischen Veränderungen, neuen Produktionsweisen und Distributionsformen und damit zu ästhetischen Flutwellen, die Coles Regeln des guten Geschmacks nur sehr bescheiden einzudämmen vermochten.

Eine neue Gattung – der professionellen Kunstkritiker – entstand, die über spezielle Angriffswaffen zur Durchsetzung ihrer Wertvorstellungen verfügte, und das im Angesicht einer, wie sie meinten, ästhetischen Katastrophe. Was sie vor allem benötigten, war ein Begriff, um die übelsten Auswüchse des Massengeschmacks zu beschreiben. Sie fanden ihn in der Wiener Umgangssprache der Jahrhundertwende. Der Begriff »verkitschen« bedeutete, etwas herabzusetzen oder zu verbilligen, daraus entwickelte sich der Ausdruck »Kitsch«. Frühe Kritiker bemächtigten sich dieses Wortes, um ihre schneidende Verachtung für viele der Scheußlichkeiten und hybriden Geschmacklosigkeiten auszudrücken, die mit steigender Nachfrage für Haushaltwaren in der Warenpalette auftauchten. Ein österreichischer Kunstkritiker, Fritz Karpen, gebrauchte den Ausdruck in seinem Buch »Der Kitsch« von 1925, um ungewöhnliche Artefakte zu beschreiben, die besonders unpassend und zweckfremd gestaltet waren. Schürhaken, auf denen Leonardo da Vincis »Abendmahl« eingeätzt ist, und Tintenfässer in der Form einer weiblichen Brust zählen zu den bemerkenswerten Beispielen, die er als Sakrileg gegenüber der Schönheit großer Kunst und des menschlichen Körpers bezeichnete.

Der Begriff »Kitsch« wirkte besonders herabsetzend, weil er sich ausdrücklich von einem umgangssprachlichen Begriff herleitete, was die Vulgarität eines kitschigen Gegenstands besonders deutlich machte. Aber für einige bezog sich »Kitsch« nicht nur auf das oberflächlich Anziehende. Manche Kritiker empfanden Kitsch als ein weit heimtückischeres Monstrum mit weit schwerwiegenderen Folgen. Hermann Broch identifizierte ihn nicht nur mit künstlerischer Niedertracht, sondern mit dem gesellschaftlich und politisch Bösen an sich. 1933 merkte er an: »Alle Epochen, in denen Werte niedergehen, sind Kitsch-Epochen. Die letzten Tage des Römischen Reiches erzeugten Kitsch, und das gegenwärtige Zeitalter [die Ära des Dritten Reiches] ... kann nur durch das ästhetisch ›Böse‹ und die Furcht vor dem Bösen repräsentiert werden, und jede Kunst, die einem solchen Zeitalter Ausdruck verleihen möchte, muß auch ein

Ausdruck für das darin arbeitende ›Böse‹ sein.« 1968 veröffentlichte Gillo Dorfles sein Buch »Kitsch, eine Anthologie des schlechten Geschmacks«. Für ihn beruhte der Kitsch der Nazikunst auf der hohlen Selbstüberschätzung, die für den Faschismus typisch ist. Solche Kunst hatte nichts mit der Befriedigung eines Massengeschmacks zu tun; sie war vielmehr Staatskunst mit schäbigen Darstellungen muskulöser, heroischer Männer und Frauen oder sentimentaler Familienbilder, denen das Volk bewundernd nacheifern sollte.

1939 erweiterte der Kunstkritiker Clement Greenberg den Bezugsrahmen des Begriffs und nahm ihm etwas von seiner Schärfe, als er schrieb, daß »Kitsch die Kultur der Massen« sei. Für ihn war es die Sprache, mittels der die Bevölkerungsmehrheit ihrem Leben Sinn und Ausdruck verlieh, und Greenberg hielt alle volkstümlichen Artefakte für Kitsch. Angesichts des Dauerwachstums der Massenkultur seit Beginn des zwanzigsten Jahrhunderts hieße das nichts anderes, als daß es in diesem Jahrhundert kulturell nur immer abwärts gegangen ist (obwohl einige tapfere Geister das Gegenteil behaupten werden).

Eine Zeitlang blieb der Begriff Kitsch einer entsetzten Intelligenzija vorbehalten, die damit einen Gutteil der Massenkultur abwertete. Nach der kulturellen Eiszeit der Kriegsjahre hungerte das Publikum der Nachkriegsjahre jedoch nach Veränderung, Abwechslung und neuen Möglichkeiten. Die aufgestaute Energie tobte sich in den Fünfzigern explosionsartig aus mit einer neuen Sicht der Dinge und einem enthusiastischen, optimistischen Glauben an eine künftige »Schöne Neue Welt«. Symbole dieser neuen, mutigen und aufregenden Ideen finden sich in einem Großteil der Kunst und Gestaltung der Zeit, und sie wurden sehr schnell äußerst populär. In den sechziger Jahren wechselte der öffentliche Geschmack immer schneller, nun von einem mächtigen und manipulativen Medienapparat angetrieben, der über das nukleare Arsenal des Fernsehens und eine gewaltige

Die drakonisch-ästhetischen Prinzipien der Nazis bescherten der Welt einen Kitsch, der wohl zu den plumpsten überhaupt gehört – wobei sie eine quasi-religiöse Bilderwelt mit ihrer eigenen brutalen Ideologie durchmischten. Die arische Frau von Liselotte Schramm als Madonna mit Kind (beide mit ordonnanzgerechtem Blondhaar und blauen Augen). Der Göttergatte des Vaterlandes, in der Hitlerjugend gestählt, erwacht. Oder, um die Worte von Richard Kleins Bildtitel zu gebrauchen, erwachen um ein edles Schicksal zu erfüllen, vollständig nur mit eher molligen Schutzengeln.

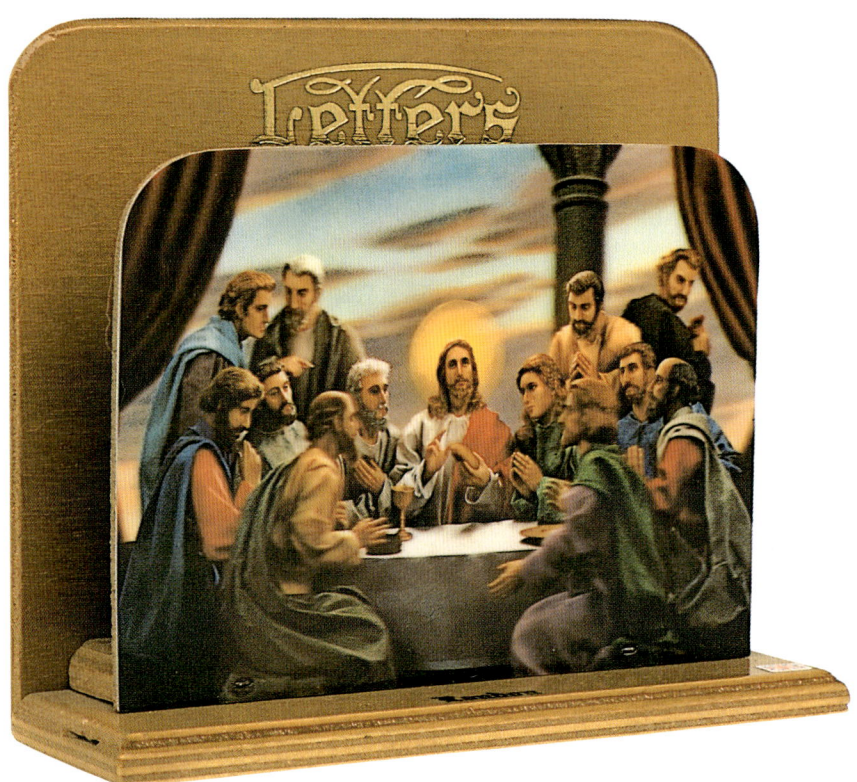

Gibt dieser hübsche Briefhalter mit dreidimensionalem Christus nebst Jüngern beim letzten Abendmahl dem Touristen wirklich noch Aufschluß über seine Motive für die letzte Ferienreise nach London?

Werbeindustrie verfügte. Diese geballte kulturelle Streitmacht tobte sich in den »Swinging Sixties« aus und ging dabei bis zu den äußersten Schmerzgrenzen der Ästhetik.

Es heißt, daß Kunst die Gesellschaft reflektiert, und die Kunst der Sechziger bemühte sich nicht nur um Originalität in den gesellschaftlichen Produkten, sondern nahm eine Extremposition ein, die die Grenzen der Kunst oft zu überschreiten schien. Die Kunst kopierte die Bildelemente der populären Massenkultur, die bis dahin als billiges Wegwerfgut gegolten hatten – von Suppendosen über Comics bis hin zu Filmstars –, und zwang die Intelligenzija, sich mit dem Tatbestand einer kitschigen Populärkultur auseinanderzusetzen. Das Konzept des Geschmacks war revisionsbedürftig geworden, nur daß die Bevölkerung gebildeter und eigenständiger war als je zuvor und sich nicht damit zufriedengab, sich von einer wohlhabenden Elite vorschreiben zu lassen, was nun guter und was schlechter Geschmack war. In den späten sechziger und frühen siebziger Jahren wurden viele dafür empfänglich, daß die bisher als laut, bunt und kitschig verachtete Populärkultur offensichtlich auch bemerkenswerte, ja sogar schöne Elemente besaß.

KITSCH WIRD VOLLJÄHRIG

Kurzzeitig, in den späten sechziger und frühen siebziger Jahren, lehnte man überhaupt jeden Begriff eines guten Geschmacks ab, und in der Folge gab es keinen schlechten Geschmack mehr, sondern nur ein Anschmachten jeder Art von Kultur egal woher, der Globus verband buchstäblich alles mit allem. In diesem enorm befreiend wirkenden Ausbruch wurden Hemmungen über Bord geworfen und Grenzen überschritten: die Populärkultur wurde anerkannt und als kreative Formel für Freiheit und Zeitgeist gefeiert. Der Spaß hielt nicht lange an (und wenn man die hohen Plattformsohlen sieht, ist das vielleicht auch ganz gut so). Im Verlauf der frühen achtziger Jahre nahmen die Fragen des Geschmacks und alle damit zusammenhängenden kulturellen Statusprobleme des Snobismus und der gesellschaftlichen Barrieren allmählich wieder an Bedeutung zu. Dies war vermutlich der ersten ernsthaften Weltwirtschaftskrise seit mehr als zwanzig Jahren zwischen 1973/74 und um 1979 und einem fast zeitgleichen Rechtsrutsch in der Politik zuzuschreiben, dem ein schneller Rückzug in den Komfort eines traditionellen Wertesystems folgte. Man kann dieses Phänomen auch im Zusammenhang mit zyklischen Theorien betrachten, denen zufolge jede Aktion eine Reaktion erzeugt. Wie auch immer, Geschmack kehrte fast unmerklich zurück, ohne allerdings dem Kitsch seinen Statusgewinn rauben zu können.

Geschmack wirkt durch Ausgrenzung und Akzeptanz – dadurch, daß man den eigenen Geschmack ausdrückt, erkennt man gleichzeitig das eine oder andere ästhetische Prinzip einer Gruppe an, die ihrerseits dem eigenen Geschmack anhängt (z.B. Rosé-Champagner), während man sich von konkurrierenden Geschmacksrichtungen (z.B. Büchsenbier) fernhält. Der in den späten sechziger und siebziger Jahren alles hinwegfegende kulturelle Malstrom hat Geschmack in den Augen vieler Leute zu einem ganz anderen Begriff gemacht. Sie haben verstanden, daß sie bei ihrer Auswahl weniger streng sein dürfen und mutiger, wenn es darum geht, dem eigenen Geschmack Ausdruck zu verleihen – entscheidende Faktoren, die dem Kitsch zu seiner gegenwärtigen gewaltigen Popularität verholfen haben. Individualität und Raffinesse waren die neuen Ziele, um die man sich im persönlichen Ausdruck zu bemühen hatte, und es galt für cool, sich alles zu gestatten, was man mochte – Beethoven, Jazz, die Beatles und New Wave Musik. Der Triumph des Eklektizismus und die entsprechend heftige Suche nach neuen Wonnen der Kultur machten es den Leuten möglich, eine perverse Freude an einem Geschmack zu empfinden, der bis dahin als schlicht scheußlich gegolten hatte. Auf der Suche nach neuen Geschmäckern und Stilrichtungen wurde jeder Stein umgedreht. Der neue und wählerische Geist brachte es mit sich, daß Dinge, die zuvor als Ausdruck des schlechten Geschmacks anderer Leute gegolten hatten, z.B. ein Satz fliegender Enten, nun plötzlich schick und witzig waren, wenn sie nur zu jemandem mit etwas mehr Raffinesse (und weltmännischer Distanz) gehörten. Mit der Wiederbelebung des guten Geschmacks entwickelte sich ein neuer Wesenszug – man fing an, am schlechten Geschmack seinen Spaß zu haben… ein Kitsch-Boom setzte ein.

Während der siebziger und achtziger Jahre wurden alle möglichen Produkte, die bis dahin als grauenhaft geschmacklos gegolten hatten, hastig abgestaubt und galten nun auf einmal als wunderbar lustig bis bemerkenswert. Es erschienen Bücher über Schundfilme, Fernsehwiederholungen dämlicher Situationskomödien, überdrehte Spiel-Shows, die von überdrehten Spiel-Shows inspiriert waren, und Fernsehprogramme, die geistlose Fernsehprogramme zusammenfaßten. Im Grunde geschah nichts anderes, als daß die Leute sich dadurch, daß sie die Wie-

Während der sechziger Jahre halfen die Pop-Künstler dabei, die Regeln und Grenzen zu überschreiten, wie sie bisher in Kunst und Geschmack gegolten hatten. Warhols Ikonographie leitete sich von Faszination und Besessenheit eines Massenpublikums her – Bilder aus Kinofilmen, von Popstars, Comics, selbst Hinrichtungen.

derholungen von »I love Lucy« (Ich liebe Lucy) und »Thunderbirds« genossen, sich dafür entschuldigten, diese beim ersten Mal ausgelacht zu haben. Schlechter Geschmack machte Spaß, auch wenn einen der gute Engel mahnte, doch umzuschalten und sich den Dokumentarfilm über den Bau von Abwasserkanälen der Gründerzeit anzusehen. Der Kult der Schundästhetik wurde schnell auch von einem Publikum übernommen, das noch zu jung war, um die Erstausstrahlung von Hans-Joachim Kulenkampffs »Wer gegen Wen? – ferngesehn« an der eigenen Glotze erlebt zu haben, aber bereits mit der kommerzialisierten Nachkriegskultur aufgewachsen war.

Kitsch ist inzwischen seinem Kultstatus entwachsen und zur Inspirationsquelle vieler Komödien des großen Kinofilms und Fernsehens geworden, ein Gegenstand für den Diskurs der schönen Künste und solide Grundlage eines mäßigen Gebrauchtwarenhandels. Es hat sich eine zeitgenössische Industrie herausgebildet, die entsprechend dem Marktgesetz von Angebot und Nachfrage absichtlich Objekte und Unterhaltungswerte erzeugt, die als Kitsch wahrgenommen werden wollen. Es besteht ein wachsender Markt für Kitschliebhaber, die ihr Geld ausgeben wollen, um ihren schlechten Geschmack auszuleben. Somit werden Dinge ausdrücklich als Kitsch hergestellt. Doch das ist pure Bauernfängerei, die Käufer irren, wenn sie meinen, hiermit richtigen Kitsch erworben zu haben – was sie da ergattert haben, ist nichts anderes, als ein durch Kitsch inspirierter schlechter Geschmack.

SCHLECHTER GESCHMACK MIT DEM FEINEM UNTERSCHIED

Mit dieser zwiespältigen Reaktion – man mag, was man, wie man weiß, gar nicht mögen sollte – wurde Kitsch zum komplexen Konzept. Wörterbücher definieren ihn entweder als »wertlose Prätension in der Kunst« – wodurch er einfach schlechter Kunst gleichgesetzt wird – oder als »überfrachtete, vulgarisierte, populäre Kunst, üblicherweise auf sentimentale Wirkung bedacht« – was ihn noch viel schlechterer Kunst gleichsetzt. Beide Definitionen schieben ihn bloß in die Niederungen des Unterklassengeschmacks ab und behandeln ihn allenfalls abwertend. Keine der beiden Definitionen läßt auch nur entfernt ahnen, was es damit wirklich auf sich hat, und gehen auch nicht darauf ein, wie populär der Begriff geworden ist. Anderseits ist die übliche umgangssprachliche Verwendung von Kitsch meist zu umfassend, um überhaupt noch nützlich zu sein, da das Wort derzeit für alles verwendet wird, was auch nur entfernt dem schlechten Geschmack zugeschlagen werden kann, vom äußerst schockierend bis zum hochklassig süßlich.

Kitsch ist der Geschmack des anderen; kitschig insofern, als die andere Vorstellung von Vergnügen deplaziert wirkt und mit meiner eigenen aneinandergerät. Es geht einem ähnlich, wenn man zum ersten Mal ein warmes Paar Beatlehosen des älteren Bruders anzieht: hat man den ersten Schock überstanden, bleibt einem nichts anderes übrig, als die Sache dafür zu nehmen, was sie ist: für einen Heidenspaß. Gerade im Erstaunen darüber, was solches Zeugs überhaupt für andere Leute attraktiv gemacht hat, beruht die Anziehungskraft von Kitsch. Kitsch ist

Sofort-Kitsch. Die kleine Blume blühte genau am Ende der Achtziger, um im Takt mit den Lieblingsplatten ihrer Sammlung zu swingen und zu boppen.

Diese überschnucklige, glubschäugige Wuscheligkeit muß irgendwann, irgendwo, irgendwie auf irgend jemanden eine besondere Anziehungskraft ausgeübt haben, um überhaupt entworfen, hergestellt und erworben worden zu sein. Das faszinierende Geheimnis, wer das ganze verbrochen hat, bildet das Schlüsselelement ihrer Anziehungskraft auf Kitschfans in aller Welt. »Was schlechten Geschmack so berauschend macht, ist die aristokratische Wonne der Verärgerung.« Charles Baudelaire 1821–1867

nicht einfach schlechter Geschmack, auch wenn er ein Produkt des schlechten Geschmacks ist. Er verfügt über die ausgeprägt verführerische Fähigkeit, einen gleichzeitig anzuziehen und abzustoßen. Wir sind vom Kitsch nahezu kindlich fasziniert. Das ist vielleicht gar nicht so erstaunlich, bedenkt man die prächtigen, farbigen und ungewöhnlichen Formen, die fehlende Raffinesse und die nostalgischen Assoziationen, die Kitsch meistens weckt. Indem Kitsch uns abstößt, weil er unsere Vorstellungen von gutem Geschmack verletzt, entdecken wir seine anziehende Scheußlichkeit. Kitsch hat etwas Exzessives: eine Energie, die sich in Farbe, Dekoration oder in der einfachen, schamlosen Geschmacklosigkeit äußert, die ihn so vom gewöhnlichen schlechten Geschmack unterscheidet.

Der französische Dichter Charles Baudelaire (1821–1867) erklärte: »Was schlechten Geschmack so berauschend macht, ist die aristokratische Wonne der Verärgerung.« Was die Wertschätzung von Dingen, »so schlecht, daß sie schon wieder gut sind«, so befriedigend und aufregend macht, ist der kurze, aber euphorische Ich-Rausch, der einsetzt, wenn man aristokratisch die Nase rümpft. Ein Kitschkenner wird sich unbewußt dafür auf die Schulter klopfen, daß er Eigenschaften von Dingen zu schätzen weiß, die dem gewöhnlichen Volk verborgen bleiben. Ein Gefühl der Überlegenheit beschleicht uns, denn wir wissen ja, daß die Gegenstände für einige Leuten allen Ernstes etwas Tröstliches und Erfreuliches haben; eine hochnäsige Wonne, die für den Kitschliebhaber genauso wichtig ist wie die gegenständliche Aufgemotztheit der Objekte.

Daß Dinge für Kitsch gehalten werden, fängt damit an, daß sie gegen die etablierten Vorstellungen von gutem Geschmack verstoßen. Je spektakulärer der Zusammenstoß, desto größer der resultierende schlechte Geschmack. Mit der Vorstellung des Geschmackvollen ist auch die Vorstellung des Wertes und der Bedeu-

tung verbunden. Auf den ersten Blick entwertet der Kitschgegenstand diesen Inhalt, so wenn das Bild der Mona Lisa auf einem Küchentuch oder einem Schlüsselanhänger erscheint; Kitsch bleibt seiner ursprünglichen Bedeutung, der »Abwertung« treu. Dies bedeutet nicht, daß alles, was Kitsch ist, notwendigerweise auch billig sein muß – die psychodelische Lackierung eines Rolls Royce oder ein übertriebener Einsatz von Blattgold in einer Badezimmereinrichtung kann genauso kitschig sein wie ein Plastikaschenbecher, auf dem stolz das eingeprägte Turiner Leichentuch prangt. Sie alle sind nicht nur deswegen Beispiele für Kitsch, weil sie Inbegriffe des guten Geschmacks entweihen, sondern weil sie gleichzeitig häßlich und unverständlich erscheinen. Um sich als Kitsch und nicht nur als schlechten Geschmack zu qualifizieren, muß eine echte Empfindung des Lächerlichen vorhanden sein. Die Lächerlichkeit manifestiert sich auf verschiedenste Weise. Sie kann in der bloßen Unschicklichkeit bestehen, die Zigarette auf der Plastikwiedergabe einer religiösen Ikone auszudrücken, oder in der Protzigkeit, funktionelle Gegenstände wie Badezimmerhähne mit Gold auszustatten, oder darin, einen vermeintlich alternativen Lebensstil ausgerechnet bei einem Prestigewagen wie dem Rolls Royce zu äußern.

Ebenso wie Verfeinerung und Würde integraler Teil des guten Geschmacks sind, gehören Übertreibungen und Ungehörigkeit zum Kitsch. Grüne, penisförmige Kerzen oder schreiend rosafarbene Zahnbürsten in Gestalt wohlgeformter Frauenbeine besitzen eine bedenkenlos komische Direktheit, die Kitschliebhaber geradezu zum Kaufen zwingt.

Ohne das wankelmütige Streben der Allgemeinheit nach Sättigung, angetrieben vom kommerziellen Druck der Werbung, der Medien und des gesellschaftlichen Status, gäbe es keinen Kitsch. Unsere Kultur erzeugt eine ungeheure Menge Dinge, die von der Öffentlichkeit gesucht, erworben und schließlich weggeworfen werden, während der allgemeine Geschmack sich auf der Suche nach neuen

Beine sind eine ständige Quelle der Inspiration für den unfröhlichen Scherzartikel. Nickende Hunde haben die Rückfenster der Autos erobert und Gott sei Dank auch wieder verlassen. Dessen unbeschadet sind sie heute zu begehrten Sammlerstücken geworden.

Ideen und Stilen ständig weiterbewegt. Ohne den verschwenderischen Zug unseres Wirtschaftssystems gäbe es keinen Kitsch – und das wäre doch wirklich jammerschade. Der moderne Kitschliebhaber ist ein wahrer »Grüner«, ein kultureller Wiederverwerter – er wühlt sich durch den großen Gebrauchtwarenhaufen hindurch und bringt das, was ihn lachen macht, in Sicherheit, um dann eine rüde Geste in Richtung »guten Geschmack« und aller anderen gesellschaftlichen Regeln und Vorschriften zu machen, nach denen wir uns angeblich zu richten haben.

Der Zweck dieses Buchs besteht darin, dem Leser über seine Hemmungen hinwegzuhelfen. Ein jeder kitsche, was er kann – ob er nun bereits ein begeisterter Sammler aristokratischer Anstößigkeiten ist oder ob ihm die Wegwerfkultur verdächtig vorkommt. Mit vorliegendem Versuch werden wir uns das ganze, pervertierte Phänomen des schlechten Geschmacks vornehmen und oft schräge und verwinkelte Umwege einschlagen, um einen Weg zum wahren Herzen des Kitschs zu finden. Unser Ziel besteht darin, diese herrlich verkehrte Form von Snobismus besser verstehen, schätzen und, hoffentlich, auch lieben zu lernen. Willkommen zu den schrecklichen Dingen im Leben in all ihrer gräßlichen Pracht – schließlich sind wir ständig von ihnen umgeben, seien es nun Ihre Krawatte, Ihre Schuhe oder Ihre Frisur, der Umschlag der Illustrierten dort oder das Sofa aus dem Gebrauchtwarenladen, auf dem Sie sitzen und sich ein billiges Fernsehprogramm anschauen. Vergessen Sie nicht, Ihren Sinn für Humor mitzubringen – genießen Sie den guten, sauberen Spaß des Phänomens Kitsch.

Ferienpostkarten kauft man in seinen schwächsten Momenten – Geld scheint beim zweiwöchigen Bemühen um Entspannung und Spaß kaum eine Rolle zu spielen. Und das Gehirn ist wahrscheinlich durch ein Zuviel an Sonne, Bier und viel zu viele andere Leute völlig geschwächt. Postkartenhersteller haben noch nie viel Eifer bei der Reanimation höherer Hirnfunktionen an den Tag gelegt.

TRAUTES HEIM –
SCHMERZ FÜRS HERZ

»Der einförmige Dogmatismus der mattschwarzen Achtziger war wie ein Durchhaltetest: Dullsville, Arizona, die Langweilerstadt. Aber wieviel Einförmigkeit kann der Mensch ertragen?«

Man stelle sich vor: Man betritt zum allerersten Mal das Zuhause anderer Leute, und die werden aus irgendwelchen Gründen aus dem Haus geholt – sagen wir, die Katze ist überfahren worden oder der Nachbar von nebenan hat sich wieder einmal ausgeschlossen und braucht eine Leiter, um wieder ins Haus zu kommen. Volle fünf Minuten ist man im fremden Wohnzimmer allein. Ein Idealfall für den Geschmacksdetektiv. In der kurzen Zeitspanne können Sie mehr über Ihren nächsten Nachbarn, möglichen Liebhaber oder Zahnarzt erfahren, als Sie es je in stundenlangen Gesprächen, bei gemeinsamem Essen oder Trinken tun werden. Nun wissen Sie über seine Neigungen, Hoffnungen, selbst seine Neurosen Bescheid.

Nur Mut, begutachten Sie mal das Kaminsims, die Gestelle, die Wände, und werfen Sie nach Möglichkeit auch einen schnellen Blick in die eine oder andere Schublade. Denn hier ist sie, im Wohnzimmer, in der Küche, dem Schlaf- und Badezimmer, die Substanz, aus der wir eigentlich geschaffen sind. Zu Hause stellt man den eigenen Geschmack aufs persönlichste und enthüllendste bloß. Was jemand zur Arbeit oder für den Nachtklub anzieht, läßt nicht immer Rückschlüsse auf sein wahres Ich zu. Man kann eine schlecht sitzende und unmodische Arbeitskluft nach einem im Schweiße seines Angesichts verbrachten Tag ablegen und sich fürs Weekend aus einem biederen Bankangestellten in einen wilden Disco-King verwandeln, aber man kann nicht, einer einzigen Abendsseinladung zuliebe, die Tapete wechseln.

Auch wenn man in den fünf Minuten des Alleinseins im Nachbarhaus unter den fremden Mobilien und Effekten keinen Riesenschatz an enthüllenden Kunstobjekten hebt, wird man, so sehr ist der Schund-Ethos unterdessen Allgemeingut geworden, wenigstens ein kleines, schwimmendes Kitschinselchen im Meer des

Etwas als etwas anderes: Tea-time! In den Achtzigern war es Mode, Objekte in Form anderer Objekte herzustellen, die eine ganz andere Funktion hatten, aber, wie die Vorkriegsuhr bezeugt, war die Idee alles andere als neu.

konventionellen »guten« Geschmacks entdecken. Vielleicht den aus einer Burger-Bar gemausten tomatenförmigen Ketchuptopf, der neben dem Essig- und Ölspender in Windmühlenform steht, oder die gehäkelte Puppe, die eine Toilettenpapier-rolle abdeckt. So klein und wohlverborgen sie auch sein mögen, man findet sie doch, die unzensierten und entscheidenden Hinweise darauf, worum es den Leute wirklich geht.

HEUTE DIE ZUKUNFT VON GESTERN: DIE 50ER JAHRE UND MEHR

Auch wenn Kitsch eine lange und ehrwürdige Vergangenheit hat, stammt viel von dem, was man heute sofort als Kitsch identifziert, aus der berühmt berüchtigten Dekade der Gestaltungsexzesse – den Fünfzigern. Auch wenn die ersten massen-haft verbreiteten Haushaltsartikel, die als Kitsch neu bewertet wurden, aus den dreißiger Jahren stammen, wie unsere Fliegenden-Enten-Sets, so sind die Lampen, Kaffeetische, Ohrensessel und Sofas, Eßtische, TV-Apparate, Tagesdecken, Vorhänge, Lamellenstores, das Linoleum, die Teppiche, das Steingut, Besteck, Geschirr, die Gläser, Tapeten, die Stoffe, die Aschenbecher und Ornamente der

Das Design der fünfziger Jahre unterschied sich stark von der geordneten Symmetrie der kargen Nachkriegszeit. Die Designer der fünfziger Jahre ließen sich durch Wissenschaft inspirieren – Moleküle, Atome, Raumschiffe, Nieren und Bumerangs. Die Themen zeigten sich in der asymmetrischen Form ihrer Entwürfe – von den Möbeln bis zum Geschirr.

fünfziger Jahre der größte Fundus des Kitschsammlers. Sie sind nach wie vor und (relativ) häufig zu haben, und, gar kein Zweifel, sie fallen auf.

Die Fünfziger erlebten eine radikale Stilwende der kriegsbestimmten Inneneinrichtung der dreißiger und vierziger Jahre. Die ganze Welt schien nach dem Waffenstillstand in Farben zu explodieren, auf einmal gab es die unterschiedlichsten Formenvielfalten und Kombinationenen. Nun war das Leben nicht mehr bloß braun, grün, dunkelblau, braunrot, schwarz oder weiß, für die Bemalung der neuen Welt stand eine ganze Palette neuer Farbtöne zur Verfügung – Pastellrosa, Gelb, Grün, Flieder, Blau und Orange, Violett, Kirschrot, Magenta, Gold, Limonengrün oder Türkis. All diese Farben wurden in kurzer Zeit unglaublich modern, und ob sie nun so besonders gut zusammenpaßten – wen kümmerte das schon. Inneneinrichtungen wurden nun leuchtend, lebhaft und kühn, ganz im Sinne der Werbung dieser Zeit.

Einmal von der Leine gelassen, geriet auch die Form der Dinge außer Rand und Band und ging der Symmetrie verlustig, auf der die alte, geordnete Welt bestanden hatte. Das Design der fünfziger Jahre war oder wirkte asymmetrisch unregelmäßig, mit fantasievollen und weit hergeholten Ressourcen der Inspiration. Molekularstrukturen, Amöben, Nieren und Bumerangs liehen allen möglichen Haushaltsgegenständen ihre Form – von Kaffeetischen bis zu Aschenbechern. Es gab auch kühne neue Muster – Tapetenmuster und Möbelbezüge bedeckten sich mit Winkeln, Zebrastreifen, Leopardenmustern, Pünktchen, Blättern und abstrakten Gebilden, die aus surrealistischen Bildern hätten übernommen sein können.

Die Designer und Hersteller der fünfziger Jahre meinten, die farblose und abgestorbene funktionelle Leere, die in den letzten fünfzehn Jahren das Zuhause der meisten Leute bestimmt hatte, neu ausstatten zu müssen. Sie stellten einer Generation, die zum ersten Mal etwas Geld ausgeben konnte, ein verwirrendes

Durch die expandierenden Medien wurde die Welt in den Fünfzigern täglich kleiner – ein Phänomen, das sich in einem Geschmack für Exotika äußerte. Der war eindeutig und konsequent diskriminierend: Chinesen, Rothäute und Negerdamen schmückten alle erdenklichen Haushaltsgegenstände von Salz- und Pfefferstreuern bis zu Teekannen.

23

Die schöne neue Welt der Nachkriegszeit, die die Massenproduktion von Plastik und Laminaten versprochen hatte, verwandelte sich in den freien Fall des Fünfzigerjahredesigns – Tapetenmuster, Stoffe und Möbel sahen den Elementen surrealistischer Alpträume immer ähnlicher als funktionellen Haushaltsgegenständen.

Angebot befremdlicher Möbel, Formen und Farben zur Verfügung. Ein Element des »Außerirdischen« dominierte die Gestaltung und stand für das aufregendste Konzept überhaupt, das Unbekannte oder die Zukunft. Werbeleute priesen neue Produkte regelmäßig unter dem Schlagwort »Die Form der Zukunft« an. Man war kindlich von den Möglichkeiten der Zukunft, wie der Raumschiffahrt, fasziniert; darin wurde man durch die Fortschritte der Wissenschaft und die Entwicklung wirklicher, sichtbarer Raumfahrtprogramme noch bestärkt.

Die Designer und Produzenten der fünfziger Jahre setzten die Materialien und die Technologien, mit denen sie den Krieg gewonnen hatten, auf weniger destruktive, aber keineswegs weniger aggressive Weise ein. Die Massenherstellung von Plastikwaren war perfektioniert worden, und eine umfassende Produktpalette, die sich billiger herstellen und verteilen ließ als je zuvor, stand nun für das Heim zur Verfügung. Das bedeutete, daß man fast jeden Haushaltsgegenstand für einen Bruchteil der zuvor üblichen Kosten erwerben konnte. Und was die Räder der Nachkriegswirtschaft noch schmierte – man kam leichter an das Geld heran. Unzählige Finanzierungsformen entstanden – vor allem der »Leihkauf«. Für die Entwicklung des Geschmacks war dies von großer Bedeutung. Statt zehn Jahre zu warten, während man auf ein neues, ledernes Chesterfieldsofa sparte, konnte man nun in die Stadt gehen und sich einen brandneuen blauen Vinyl-Dreiteiler kaufen – für ein Drittel des Preises, mit zehn Prozent Rabatt.

Viele Leute konnten nun auch zum ersten Mal überhaupt in größerer Zahl nicht funktionelle Objekte zur Ausschmückung ihres Heims erwerben. Gipsabgüsse von allen möglichen Gegenständen und Wesen der natürlichen Welt, von Früchten über Tiere bis hin zu Menschen begannen, aus allen Salon-Wänden zu sprießen. Schwäne, Enten (klar), Flamingos, Leoparden, Tschitahs und Panther brachten den Menschen einer Welt, die durch die immer ausgreifenderen Medien täglich zu schrumpfen zu schien, einen Schuß Exotik ins Haus. Kleine Gipsdarstellungen von Chinesen, Mexikanern und Negern versammelten sich auf Kamin-

Der Form entsprach die Farbe. Es gab eine ganz neue Palette, um das Konsumparadies abzubilden – Pastelltöne, Violett, Kirschrot, Magenta, Limonengrün und Türkis ersetzten die düsteren Farben der beiden vorangegangenen Dekaden.

borden und über den neuen Elektrostrahlern. Die netten und freundlichen Kreaturen waren derart zuvorkommend, daß sie einem oft gestatteten, Zigarettenkippen auf ihren kleinen und immer lächelnden Gesichtern auszudrücken.

IM JENSEITS DER 70ER JAHRE

Der wahre Kitschkenner besitzt ein feines Gespür für leicht bizarre, atypische Schmuck- und Möbelgegenstände jeder Dekade. Aber die Dinge, die ihm wirklich Spaß machen, brauchen nicht sämtlich 30–40 Jahre zu warten, um vom verächtlichen Ramsch zum Sammlerkitsch zu mutieren. Die Wachsblasenleuchten, die optischen Glasfiber-Skulpturen und Managerspielzeuge, die in den siebziger Jahren so populär waren, rühren ebenso an unseren Sinn für schäbigen Humor wie

Im Gestaltungsethos der Fünfziger war die Welt außerhalb der Industrieviere ein lustiger, netter Ort. Exotik begann mit karibischen Frauen und hörte mit Tomaten auf. Kein Wunder, daß die Ente, nun eine Standardausrüstung des modernen Heims, gemeinsam mit Dürers betenden Händen und ein paar versprengten röhrenden Hirschen emigrieren wollte.

26

Anschalten, andrehen und aus-
flippen. Die Lavaleuchte schenkte den
Gartenvorstädten ein psychodelisches
Erlebnis, bei dem man sich nicht mit
Drogen abzumühen brauchte. Die
Produktion wurde eingestellt, als
Mickey-Mouse-Telefone in Mode
kamen, und nicht, wie ein populärer
Mythos wahrhaben will, weil die
Lampen gefährliche Gase abgaben.
Aber ein Wiederbelebungskult hat sich
als derart populär erwiesen, daß die
ursprünglichen Hersteller die Pro-
duktion erneut aufgenommen haben.
Die Geschäfte laufen glänzend.

die durchsichtigen, aufblasbaren Lehnstühle der späten sechziger Jahre. Wie bei
vielem Kitsch scheint uns heute unbegreiflich, daß derartige Objekte einst heftig
bewundert und große Mode waren. Auch anspruchslose Kunstprodukte können
den Kitschsammler in Verzückung geraten lassen. Poster, die unzählige Male in
den Postershops oder in Läden wie Athena und Hallmark verkauft wurden, wie
der von der Tennisspielerin, die ihr Höschen vergessen hat, von »Katzenpfote«
und einer windzerzausten Farrah Fawcett-Majors haben zusammen mit den Print-
ikonen von Che und Mao schon längst ihr Debüt an den Wänden von Kitschav-
antgardisten gegeben.

LANGWEILER CITY

Schon bei ihrem ersten Auftauchen in den Warenhäusern wurden die Einrichtun-
gen und Haushaltsartikel der fünfziger Jahre von selbsternannten Geschmacks-
richtern als Kitsch erkannt und als Beispiele des Vulgärgeschmacks der Arbeiterklasse klassifiziert oder genauer: denunziert. Die billigen Materialien, lebhaften
Farben und krassen Abbildungen von Menschen, Pflanzen und Tieren ließen sie
aus den gleichen Gründen zusammenzucken, wie sie uns heute lachen machen:
weil sie mit den Wertvorstellungen des guten Geschmacks aneinandergeraten.

Wir können es uns heute natürlich leisten, dieses Amüsement. Nehmen wir
die Fünfziger. Wir leben in der Zukunft, für die sich die Menschen damals so sehr
interessierten, und wissen es besser. Wir können entsprechend über ihre naiven
Fehlurteile kichern und vielleicht auch aus der Wirklichkeit dieser Zukunft kurz-

zeitig in die tröstlich traulichen Vorstellungen ihrer Zeit entschlüpfen. Aber es gibt andere Gründe, warum uns die Buntheit der Fünfziger so für sich einnimmt. Angeblich schätzen wir in unserem Zuhause traditionelle ländliche Themen, Formen und Farben. Wir mögen einfache Schurwollteppiche in unseren Wohnzimmern, Steinplatten in unseren Korridoren und Echtholz (wenn wir's uns leisten können) in unseren Küchen und legen im allgemeinen großen Wert auf altbewährte, haltbare Materialien wie Holz, Eisen und Ziegelsteine. Und dann stellen wir auf die Fichtengarderobe eine Lampe mit Cocktailstickbeinen, Kirschfüßen und einem zitronengelben, mit schwarzen Amöben dekorierten Schirm. Da wird man doch nachdenklich, oder?

Wir mögen unsere Gipsflamingos und Negeraschenbecher nicht nur, weil wir uns einen erwachsenen Spaß gönnen und umgestülpte Snobs sind, sondern weil man uns nun schon zehn Jahre lang jegliches Vergnügen vorenthalten hat, wenn es um die Einrichtung unserer Häuser, Wohnungen und Wohnschlafzimmer geht. In den Achtzigern war, wie seinerzeit bei Henry Ford, bei all den eleganten Dingen, die wir nach Hause brachten, nur eine Farbe erlaubt: Schwarz (wir waren wahrscheinlich auch schwarz gekleidet, als wir sie kauften). Der einförmige Dogmatismus der mattschwarzen Achtziger war wie ein Durchhaltetest: Dullsville, Arizona, die Langweilerstadt. Aber wieviel Einförmigkeit kann der Mensch ertragen? Zu einem bestimmten Zeitpunkt in den Mitachtzigern schien es, als ob man die Dinge nur noch im Schattenriß erwerben konnte. Wer braucht denn allen Ernstes einen mattschwarzen Eierbecher, um Himmels willen?

Das mattschwarze Ethos war eine Form des kulturellen Faschismus – und führte den Konsumenten zwanghaft zu sehr schmalen, sehr speziellen Ausdrucksformen des Geschmacks, die beinahe völlig narrensicher waren. Der »geschmackvolle« Konsument konnte nur noch über Form und Größe entscheiden. Mattschwarz stand am Ende eines langen Reduktionsprozesses der Gestaltung, bei dem jede Eigenschaft, die man als unwesentlich für die Funktion ansah, vom Zeichenbrett entfernt und in den Papierkorb geworfen wurde. Das alles fing mit der Bauhausschule für Gestaltung in den Jahren nach 1920 an, und wir wissen, wohin das in der Architektur geführt hat – zu Wohnsilos in zugigen, menschenfeindlichen Siedlungen, denen keiner eine Träne nachweint. Es dürfte uns allen bekannt sein (oder etwa nicht?), daß das eigentliche Ziel bei der Verbreitung derartiger Strukturen darin bestand, die Bedeutung des Individuums in der Gesellschaft zu zerstören und die Menschen dazu zu zwingen, kollektiv zu funktionieren, ohne aus der Reihe zu tanzen, ohne Eigenwilligkeiten und ohne jeglichen Spaß.

Doch haben sich viele Leute mit makellosem Geschmack diesem Ethos bereitwillig unterworfen, wenn es darum ging, Wecker, Hi-Fi-Anlagen und Videoausrüstungen zu kaufen. Was Wunder, daß wir uns auf den Markt geschlichen und uns ein buntes und lustiges Fünfzigerjahreobjekt geleistet haben. Aber wir meinen es natürlich gar nicht so, und zuletzt wird Mattschwarz, wie die Sachen aus den Fünfzigern, auch nur als ein Futurismus mehr betrachtet werden, und im Jahr 2000 ist Ihr mattschwarzer Walkmann Kitsch. Wer weiß?

Na, blas mich! Ein unglaublich sexistischer und rassistischer Aschenbecher aus den Fünfzigern beweist, daß es beim Ethos des Mattschwarzen keineswegs nur um langweilige minimalistische Konformität zu gehen braucht.

GOTT UND DIE MONA LISA

Wenn wir die Sünde begehen, Gottes Namen zu mißbrauchen, entweder, indem wir ihn entheiligen oder mit schlüpfrigen Schimpfwörtern in Zusammenhang bringen, kann man uns der Blasphemie bezichtigen. Aber was, wenn ein Bild Gottes, der Jungfrau Maria oder von Jesus Christus oder die Darstellung einer biblischen Szene als Teil eines schäbigen Plastik-Weihwasserbehälters verwendet wird? Ja, das ist Kitsch, und wenn es bei einem atheistischen TV-Direktor die Wand seiner Absteige in Schwabing, Hampstead oder Soho schmückt, wird es witzig, und man hat den rotgepolsterten Aschenbecher auf dem Ständer gewonnen.

Dreidimensionale Darstellungen religiöser Figuren und Szenen, aus billigen, klapprigen Materialien hergestellt, findet man überall in der kitschbewußten Welt. Anhand eines Nachttischlampen-Plastikständers mit den Stationen der Kreuzigung können wir uns so richtig über ihre falsche Pomposität und völlige Deplaziertheit lustig machen. Aber dann werden die meisten solcher Kitschgebilde von den Kirchen selber verkauft. Ich frage mich oft, ob sie heimlich selber ihren Spaß dran haben.

Süßliche Kreuzigungen und weinerlich trauernde Jungfrauen sind der strahlende Niederschlag einer extremen Form von Kitsch – wobei etwas tief Religiöses im Namen der Volkstümlichkeit auf leere, sentimentale Ausdrucksformen reduziert wird. Der den Bastardinterpretationen heiliger Bilder innewohnende Kitsch wird auch in einem anderen Lebensbereich deutlich, der mit Ernsthaftigkeit und Tiefe zusammenhängt, dem der großen Kunst. Es wird wenig andere Bilder geben, außer dem von Gott in seinen verschiedenen Manifestationen, die mit so

Erhält Gott Provision auf die Erlöse seiner Waren? Solchen religiösen Schnickschnack kauft man auf der ganze Welt am Kiosk am Fuß der großen Kathedralen. Ist die Kirche auf dem gleichen heimlich-heiligen Trip?

viel Kulturwert aufgeladen sind wie wie Mona Lisa. Wenn Sie irgend jemanden irgendwo nach dem bestbekannten Gemälde der Welt fragen, können Sie Ihr letztes Fünf-Mark-Stück daran verwetten, daß Leonardo da Vincis erstaunlich kleinformatige Darstellung einer halblächelnden, gewöhnlichen, unbekannten Dame unter die ersten drei fällt. Irgendwie wurde dieses im Grunde langweilige, statische und düstere Ölgemälde zum Symbol der Größe in der konventionellen Kultur. Der hohe Status, den es in der westlichen Kunst genießt, hat zu einer scheinbar kriminellen Reproduktion ad illegitimentum geführt. Nicht nur beim Louvre der Lichterstadt kann man die Visage dieser netten Tante auf allen möglichen Gegenständen, vom Brillenetui bis zum Küchentuch, käuflich erwerben, vielmehr hat sie den unterschiedlichsten Produkten als Markenzeichen Pate gestanden, von Geweben, die angeblich zu 100% aus Nylon-»Pferdehaar« (Duralon) bestehen, bis zum Rotwein!

Es ist der Mühe wert, die Augen offenzuhalten, wenn man in Sachen bastardisierter großer Kunst unterwegs ist – sie kann zur witzigsten Haushaltsdekoration

Gott segne unser Heim…
Mutter…Heilige Engel…steht mir bei.

31

Der hohe kulturelle (und copyrightlose) Status von Bildern wie der Mona Lisa und griechischer Statuen hat zu ihrer Reproduktion ad infinitum geführt, auf den unpassendsten Gegenständen und vorzugsweise genau dort, wo man sie am allerwenigsten erwartet.

werden, und man wird bestimmt mit dem höflichen Applaus der Mit-Kitschfreaks belohnt. Michelangelos David erhält man in allen möglichen ausgefallenen Darstellungen, aber das beste Beispiel ist mir in einem Pornoladen in Amsterdam begegnet: als Kerze mit grotesk vergrößerten Genitalien. Findet man das ein bißchen zuviel des Guten, so sind in den Supermärkten um die Ecke alle möglichen Alten Meister in passenden, preisgünstigen, goldfarbenen Plastikrahmen zu haben. Nun, der eigene Korridor läßt sich ausstatten wie eine erstklassige Kunstgalerie mit einem Rembrand (»Der Mann mit dem Goldhelm« wirkt immer – auch wenn der gar nicht von Rembrandt ist), einem Lachenden Kavalier, Whistlers »Mutter« und, um dem Ganzen die Krone aufzusetzen, einer kleinen Venus-von-Milo-Statuette mit geschmackvollem Springbrunneneffekt.

DER GRÖSSTE KÜNSTLER DER WELT: VLADIMIR TRETCHIKOFF

Für die meisten Menschen hat das Aufhängen eines bestimmten Bildes Vladimir Tretchikoffs an der Wand einen doppelten Zweck – zunächst einmal den der Dekoration (es ist nicht jedermanns Sache, von großen Leerflächen aus Dispersionsfarbe umgeben zu sein), dann den einer bestimmten Message über die eigene Person und den gewünschten Platz in der Welt von Status und Geschmack. Vorhang auf für einen in Rußland geborener Südafrikaner, der zum meistverkauften Künstler der Welt avanciert ist. Sie werden seine Arbeit augenblicklich erkennen, auch wenn Sie den Namen, trotz seines gigantischen Erfolgs, wahrscheinlich nie gehört haben. Er heißt Vladimir Tretchikoff.

Einige Künstler vertreiben ihre Werke mittels Kunstgalerien und Agenten, andere reisen herum, stellen an passender Stelle ihre Staffeleien und ihr Lager auf und verkaufen ihre Bilder als Souvenirs der umgebenden Landschaft. Aber der größte Markt für einen populären Maler sind die veröffentlichten Reproduktionen. Den Weltrekord halten die zwischen 1950 und 1962 von Tretchikoff gemalten Sammelmappen. Seine Portraits von Afrikanern, Asiaten und Orientalen, von Zulus, afrikanischen Kriegern und Stammesmitgliedern ebenso wie von gewöhnlichen arbeitenden Südafrikanern wie Blumenverkäufern, Fischern und Kräuterhändlern schmückten ein ganzes Jahrzehnt überall auf der Welt die Salonwände. Am berühmtesten war vielleicht seine Serie mit der »Grünen Dame«.

Seine Darstellung dieser einfachen Menschen ist der Inbegriff der typischsten Eigenschaften der Populärkunst aller Zeiten – sentimentale Anspielungen, populäre Gegenstände, schreiende Farben und eine Anhäufung technischer Effekte. Das Publikum liebte Tretschis Bilder, weil sie einen Hauch von Exotik in ihr Vorzimmer brachten und weil sie Bilder von Menschen waren, die sie verstehen konnten, und so anders, als die merkwürdige abstrakte Kunst, die damals groß herauskam. Die Figuren sahen einen auf beinahe mystische, fragende Weise an, und vor allem waren sie bunte, hübsche Bilder, die einem das Gefühl vermittelten, das auch das Vorderzimmer bewohnt war. Gewöhnliche Leute fühlten sich mit Tretchikoff wohl und sie konnten ihn sich leisten.

Obwohl Tretschi in Galerien auf der ganzen Welt ausstellte und die Massen sich buchstäblich zu Tausenden auf seine Vernissagen drängten, stellte er, und das ist viel bezeichnender, auch in Warenhäusern aus. Man konnte sich zuerst das echte Ölbild ansehen und dann, für ein paar bescheidene Dollar, die Reproduktion erwerben, und zwar einschließlich des Rahmens!

Doch trotz seines ungeheuren Erfolgs (und seiner riesigen Einnahmen) wurde er von der offiziellen Kunstwelt nicht so sehr heruntergemacht als vielmehr ignoriert. Es gibt kaum Hinweise auf ihn in irgendeinem Kunstsammelband, Lehrbuch oder in Kritiken der Zeit, obwohl er auf der ganzen Welt ungeheuer populär war. Tretschi beging die Todsünde, sein Werk zu kommerzialisieren und es an die Massen zu verkaufen. Er hing lieber an den Wänden in Herne-West oder Stuttgart-Dregerloch als in irgendeinem hyperschicken Künstlerloch von Greenwich Village, und das geht den Kunstmafiosi mit ihren sehr himmelwärts gerichteten Nasen durchaus gegen den Strich.

Heute findet man Tretchikoff in keinen Vorstädten mehr, seine Arbeiten sind aus der Mode gekommen. In der vergleichbaren Sicherheit der heutigen Steildach- und neu-altmodischen Bleiglasästhetik würde ein Durchschnittsmensch auf einen Tretschi wahrscheinlich zunächst mit Gelächter reagieren und sich dann erinnern, daß die Großmutter so was über dem Kaminsims hängen hatte. Aber auf den Kitsch-Enthusiasten wirkt die Verbindung von unglaublich günstigem Preis, unmöglich reinem Teint, auf den von oben ein eigenartiger, schon grünlicher Lichtschimmer fällt, samt der exotischen Kostümage in den bekannten Kitschfarben Rosa, Purpur, Kirschrot, Limonengrün, Magenta und Türkis, der gestelzten unnatürlichen Posen und der Art und Weise, wie einen die Figuren über die Schulter hin ansehen, einfach unwiderstehlich – ein heiß-

geliebtes Exemplar schlechten Geschmacks für Schlafzimmer, gute Stuben und Toiletten.

Wem eine Anzeige in der »Suche«-Kolumne der FAZ oder Times nach einem Tretchikoff im Bestzustand zu teuer und zeitraubend für den Erwerb von ein bißchen Kitsch erscheint, kann sich natürlich ohne weiteres ein Werk von Tretschis Erben besorgen, indem er sich bei dem Zeugs bedient, das man an den Bauzäunen oder auf den Flohmärkten aller größeren Städte sieht. Die Produkte sind wirklich und wahrhaftig verblüffend – nicht, weil sie irgendwelche erstaunliche Fortschritte in der Wissenschaft der Schundästhetik darstellen, sondern wegen ihrer unwahrscheinlichen Scheußlichkeit. Endlose Herbstlandschaften, Pferde, die ins Meer galoppieren, und nackte Maiden, die sich mit Körpern aus Vakuum gezogenem Plastik vor stets demselben, zart abgestuften Leinwandhintergrund in Airbrushtechnik erheben, sind entschieden nicht das Erzeugnis eines gesunden Menschenverstands. Dennoch gehen die Künstler hin und verkaufen jeden Sonntag durchaus respektabel ihre eigenartigen Lebensinterpretationen. Es gibt nur eine vernünftige Erklärung dafür, nämlich daß sie am Ende jedes Tages in Raumschiffen, die halb restaurierten Morris Travellers oder alten Chevrolets bemerkenswert ähnlich sehen, zum Mars zurückfliegen. Und wenn die Bilder schließlich an der Wand einer guten Stube in Tokio, Des Moines oder Croydon landen, können sich die Marsbewohner einschalten und durch die Bilder in die Wohnzimmer schauen und so die merkwürdige Gattung studieren, die die Dinger tatsächlich zu mögen scheint.

ZWISCHEN DESIGNER-KITSCH UND SOUVENIR AM KIOSK

Viele empfinden die Kunst der Bauzäune und der schnuckeligen Plätze von Paris-Montmatre als Avantgarde des Kitschs. Da ist nichts Geprüftes und erprobt Narrensicheres, das die Zeiten überstanden hat und durch den mildernden Schleier der Nostalgie annehmbar gemacht wurde. Alles ist zeitgenössisch, und man muß sich schon was trauen, um das Zeugs zu erwerben. Schließlich könnte ein Beobachter auf den Gedanken kommen, dies sei unser wahrer Geschmack. Eine grauenvolle Vorstellung!

Aber natürlich wissen die Leute in den richtigen Kreisen, daß man, als Person von Geschmack, dergleichen nur zum Spaß gekauft hat. Doch ist ein verführerisches

Der große Vladimir Tretchikoff lehnte leider unseren Vorschlag ab, seine Kunst in unserem Buch zu verewigen. Sein ungeheurer Einfluß und sein ebensolches Vermögen wird dadurch nicht im geringsten geschmälert. Die beiden französischen Künstler/Designer Pierre et Gilles schufen ihre »Medusa« als Hommage an seinen unverkennbaren Stil.

Angebot weit weniger ins Auge springender zeitgenössischer Waren auf dem Markt, das nur darauf wartet, den gutgläubigen Erwerber in die Falle zu locken. Wenn man damit erwischt wird, hat man seine Chancen auf den Ehrenpreis der fliegenden Ente vielleicht doch nicht verspielt.

In den späten Siebzigern und frühen Achtzigern ist eine neue Art von Kitsch entstanden. Er wurde ausdrücklich für diejenigen hergestellt, die ein einst sicheres Empfinden hatten. Frisch vom Hersteller, sauber und daher gewissermaßen desinfiziert, wird solch »sicherer« Kitsch in Geschenkläden, Kleinkontoren und vor allem in den Etablissements angeboten, die sich als »Gift Shop« tarnen. Dagegen sind die »besenreine Haushaltsauflösungen – Anruf genügt, wir kommen sofort«-Läden noch echte Paradiese.

Kitsch wurde und wird nach wie vor verkauft – genau dort neben den Regalen mit dem »guten« Geschmack. Irdene französische Bauernbackformen finden sich unmittelbar neben Geschirr in Obst- und Gemüseform, während sich sauber entworfenes deutsches Porzellan gefallen lassen muß, neben Teekannen mit Opernsängern oder Ballettänzerbeinen ausgestellt zu werden, Teetassen mit »berühmten Leuten« und spaßigem Gartenschmuck. Wehe der Hand, die sich zu weit vorwagt.

Ferienerinnerungen: Der Schiefe Turm von Pisa wurde vermutlich in Hongkong hergestellt, der Schneesturmbriefbeschwerer mit an 99 Prozent grenzender Sicherheit – wie fast alle Schneesturmbriefbeschwerer. Schneesturmbriefbeschwerer sind populäre Sammlerstücke: günstig im Erwerb, ansehnlich im Aussehen können sie zudem noch an manchen schönen Ferientag erinnern, den man im Schnee Floridas oder der Costa Brava zugebracht hat. Außerdem hellen sie das Badezimmer auf.

Höre ich da jemand murmeln, »aber das ist doch gar nicht Kitsch, nur lustig – und eigentlich recht witzig«? Nun, das nächste Mal, wenn Sie ein Geschenk einkaufen oder einige Minuten totschlagen wollen und versucht sind, eines dieser glitzernden Ladengeschäfte in irgendeinem Einkaufszentrum, das aus irgendeinem wiederauferstandenen Warenhaus oder einer eingegangen Markthalle des neunzehnten Jahrhunderts eingerichtet worden ist, zu betreten, halten Sie einen Augenblick inne. Statt zuzulangen, schauen Sie sich das Ganze genau an. Trotz des Anflugs von gutem Geschmack – gibt es da etwas, das wirklich von bleibendem Wert ist? Sieht das nicht viel anders aus als ein teurer Souvenirkiosk? Jetzt bitte ehrlich!

Stimmen Sie dem Vergleich zu, ist alles gesagt. Denn gerade an den Souvenirkiosken ist die Anorakbrigade der Kitschenthusiasten in ihrem Element. In den schäbigen kleinen Kiosken, die man an den abgasreichen, verschmutzten Straßenecken der Durchgangsstraßen emsiger Städte genauso findet wie an allen Strandboulevards der Welt, unter dem wertlosen kleinen Krims-Krams, der, so wohlfeil er auch sein mag, nie sein Geld wert ist, ist der moderne Kitsch am leichtesten erkennbar. Der klassische Kitsch der Schneesturm-Briefbeschwerer, der Aschenbecher mit Metallbuchstaben oder Souveniransichten, der Kugelschreiber mit den nackten Damen, die illuminierte Miniatur berühmter Gebäude oder nationaler Monumente klammert sich an solchen Kiosken fest wie die Tauben auf den Dächern und Gebäuden der Stadt.

Aber so leicht man die Kioske finden kann, Kitsch verändert sich so schnell wie seine Schwester, die Mode. Immer neue Formen werden geschaffen, um diejenigen zu erwischen, die einen Augenblick nicht auf der Hut sind. Einmal paßt man nicht auf, und schon ist man in eine persönliche Beziehung zu einem Gegenstand hineingerutscht, bei dem die weiseren Wesen, die nach uns kommen, einmal offenen Mundes fragen werden: »Aber wie konnte jemand etwas Derartiges allen Ernstes käuflich erwerben?«

TEENAGER
TRÄUME TINNEF

»Bedeutet die Umarmung des Kitschs den endgültigen Sieg für Hollywood oder seine definitive Niederlage? Vielleicht ist dies nur eine andere schlüpfrige Windung des schlangenartigen Wesens von Kitsch, eine neue Maske des schlechten Geschmacks«

Die Geschichte vom Kitsch im Kino beginnt und endet mit Hollywood, dem Zentrum der Filmproduktion in den letzten achtzig Jahren. Der Einfluß dieser Traumfabrik auf die westliche Kultur darf keineswegs unterschätzt werden. Wir wissen alle, daß die sacharinsüße Traumwelt des Hollywoodfilms in Wirklichkeit unerreichbar ist, aber jedesmal, wenn wir uns dazu bereitfinden, einen der vollkommerziellen Streifen anzusehen, der in der kleinen Vorstadt nordwestlich von Los Angeles produziert, finanziert oder einfach nur verliehen wurde, setzen wir regelmäßig unseren Unglauben außer Kraft. Wir sind irgendwie darauf angewiesen, an unsere Träume zu glauben, und wenn auch nur befristet.

Hinter der gelackten Fiktion der Filmleinwand ist der Hollywoodkitsch klar zu erkennen. Er findet sich in den falschen Gefühlen und den unechten Figuren, dem Klimpern auf unseren Herzenssaiten, den unwirklichen Dialogen, dem süßlichen Happy-End, den heuchlerisch wohlanständigen Wertvorstellungen und dem plumpen Moralisieren. Das ganze System hätte als Kitschproduktionsmaschinerie entworfen sein können, mit eingebildeten und geldgierigen Stars, deren infantil gehätschelte Wünsche lange durch ein Starsystem befriedigt wurden, das sie vor der Realität schützte. Das System wurde durch Geld geschmiert, die große Triebkraft seiner angeblichen Virtuosität; es wurde von zynischen Produzenten gesteuert, die Effekte und Handlungen verlangten, die das Publikum an der schwächsten Stelle trafen, während sie selbst gerade noch Zeit fanden, sich eine gelegentliche Träne abzuwischen, die irgendein seichter Effekt, der ihrer eigenen klebrigen Sentimentalität entsprach, bei ihnen hervorgerufen hatte. Gewiß hat es große Filme gegeben, aber man bedenke

Billig-Filme (oben) erzielen oft weniger glatte, aber ausgefallenere Schundwirkungen.

doch die Qualität (abgesehen von der Länge) von einigen der größten Hollywood-Hits. Wer könnte sich The Sound of Music (Die Trappfamilie) zweimal oder gar 367mal ansehen, ohne einer Spitalbehandlung für eine durch Lachen erzeugte Hernie zu bedürfen?

Eine weitere Drehung auf der Kitschkurve erzeugt das heuchlerische Saubermannsbild, das die Filmwelt gerne nach außen bietet. Darin wird sie durch ein Publikum unterstützt und gefördert, das gleichzeitig ebensosehr unbedingt an die große Fassade glauben will, wie es die Skandale und Enthüllungen genießt, die Hollywood seit den zwanziger Jahren plagen (siehe die zwei Hollywood Babylon Bände von Kenneth Angers). Aber man sollte da nicht zu selbstgerecht sein. Die entwürdigende Anhäufung von Macht, die diesen sterblichen Menschenwesen durch Ruhm, Geld und öffentliche Aufmerksamkeit aufgehalst wird, läßt Verderbnis und Sünde zu natürlichen Nebenprodukten werden.

LOW-BUDGET-KITSCH

Über die Mangelhaftigkeit des eigentlichen Hollywood-Films, der sogenannten A-Filme, ist so viel geschrieben worden, daß man dem nichts hinzuzufügen braucht. Außerdem sind dies nicht die Filme, die dem richtigen Kitsch-Fan das Herz höher schlagen lassen. Einerseits gibt es da nichts zu entdecken, andererseits, wie soll jemand, wenn man Mary-Poppins mit Popcorn-Resten am Mund verläßt, wissen, ob man sich das nicht etwa ansah, weil man den Film für eine nette, anständige Familienunterhaltung hielt?

Richtige Filme sind Unternehmungen, wo es um viele Millionen Dollar geht und wo kaum je ein einzelner das Sagen hat – es sei denn, er heißt Steven Spielberg oder Clint Eastwood. Doch die meisten Filme, die mit einem niederen Budget gemacht werden, sind transzendenter Ausdruck einer einzelnen, eigenwilligen Persönlichkeit, und das verleiht ihnen eine spezielle Qualität. Die Filme, wo man am meisten Spaß und gleichzeitig auch den meisten Kitsch findet, gehören dieser Billigfilm- – der »Low-Budget« – Tradition an.

Der B-Film war ein Kind der Depression. Zwischen 1930 und 1933 fielen die Zuschauerzahlen der USA drastisch, von etwa 90 Millionen pro Woche auf beinahe 60 Millionen. Da Arbeit und Geld immer schwerer beizukommen war, verlor das gewohnte Angebot eines Spielfilms mit Trick- und Kurzfilmen seine Anziehungskraft auf das Publikum. Der Ausweg war das Doppelprogramm, das dem Publikum zwei bis drei Stunden Unterhaltung zum gleichen Preis bot. Das empfanden die Zuschauer der Depression als gutes Angebot, trotz der offensichtlichen Tatsache, daß der zweite Film ein zweitrangiger, billig hergestellter Schnellschuß war. Er zeigte keine Stars, sondern die Schauspieler der Stadt, die gerade in die vom Fundus der Studios zur Verfügung gestellten Kleider paßten.

Das Potential für Kitsch war riesig, wenn auch aus ganz entgegengesetzten Gründen als bei den aufgeplusterten High-Budget-Filmen. Die meisten B-Filme wurden aus den Überresten der A-Film Produktion hergestellt, zu einem Bruchteil der Kosten und in einem Bruchteil der Zeit. Die Einschränkungen stellten für die

Es war ein großer Tag für budgetbewußte B-Filmemacher, als sie entdeckten, daß Lieder eine billigere Möglichkeit zur Vertreibung der Indianer darstellten als teure Kavallerie und Patronen. Gene Autrey schaffte seinen Durchbruch mit einem Radioprogramm namens »The Oklahoma Yodeling Cowboy« (Der jodelnde Cowboy aus Oklahoma). Schwamm drüber.

Hände weg von meinem Chemiekasten! Flash Gordon gehörte einer Epoche an, in der intelligente Bomben Sprengkörper waren, die lange genug mit dem Losgehen warteten, bis der Held sie entschärfen konnte. (Unten) Johnny Sheffield als Bomba, der Dschungel-Boy in einer aus einer ganzen Reihe von Serien, die in den späten Vierzigern auf den Markt geworfen wurden, um am Tarzan-Boom mitzuverdienen. Billige Nachahmungen erfolgreicher Originale herzustellen, wurde in der Filmindustrie zu einer eingefahrenen Methode und bot neueren, absichtlich kitschigen Regisseuren eine sehr klar umrissene Arbeitsplattform.

B-Filme-Macher eine Herausforderung dar, da die gleichen Schauplätze und das gleiche Skriptmaterial von einem Film zum anderen weitergereicht wurden, was dem Filmemacher, wollte er dem Publikum ein Gefühl des »schon gesehen« ersparen, eine gehörige Portion Einfallsreichtum abverlangte. Die B-Filme waren das Jugendausbildungsprogramm für die Nachwuchstalente, wo sich Regisseure wie Stars ihre Hörner abstoßen konnten. Hollywoodgrößen wie William Wyler, Fred Zinnemann, Lana Turner, Ava Gardner und Glen Ford haben hier ihr Handwerk gelernt.

Diese Untergattung stellt eine achtbare Quelle für mild kitschige Unterhaltung dar. Ein gut Teil der schauspielerischen Karriere von Ronald Reagan, vor allem Bedtime for Bonzo (Bonzo muß ins Bett), wo er gemeinsam mit einem Schimpansen auftrat, fällt darunter, ebenso wie die Science-fiction-B-Film-Serien von Flash Gordon und Buck Rogers, mit klapprigen Raumschiffen und Kostümen, die aussehen, als hätte man sie Statisten aus Wizard of Oz (Der Zauberer von Oz – in Deutschland verliehen als »Das Zauberhafte Land«) und Robin Hood vom Leibe gerissen. Tarzan-Aufgüsse wie Bomba, the Jungle Boy (Bomba, der Dschungel-Boy) brachen gleich herdenweise aus dem Dschungel, nachdem die Originale so erfolgreich waren. Das führte zu Platzkämpfen mit unzähligen B-Western, vor allem mit solchen, in denen singende Cowboys wie Tex Ritter und Gene Autry (Mystery Mountain und Steel Faces) auftraten.

Bonzo muß ins Bett ist wunderbar schwachsinnig. Man sollte sich keinesfalls den künftigen Präsidenten entgehen lassen, der in einer Geschichte auftritt, die darauf aufbaut, daß »selbst ein Affe, der in der richtigen Umgebung aufwächst, lernen kann, was sich gehört«. Ein Schimpanse namens Bonzo führt einen erfolgreichen Juwelenraub durch, und natürlich gibt man seinem wissenschaftlichen Trainer (Reagan) die Schuld. Erstaunlicherweise lehnte Reagan es ab, in der nächsten Folge mitzuspielen, da er die Geschichte für zu dünn hielt!

Bomba, der Dschungel-Boy war der erste einer Serie von zwölf Schnellschüssen, die sich an der Tarzan-Manie bereicherten. Ironischerweise wurde Bomba vom achtzehnjährigen Johnny Sheffield gespielt, der wegen Übergewicht von den Tarzanserien gefeuert worden war. Die Budgets waren so knapp, daß für alle zwölf Filme die Dschungelaußenaufnahmen desselben Dokumentarfilms von 1930, Afrika Speaks (Afrika spricht), verwendet wurden.

Der Kitsch-Appell der B-Filme hängt mit ihrer speziellen Verwandtschaft zum richtigen Hollywoodfilm zusammen. Mit gebrauchten Sets und Ausschußgarderobe und in gerade eben freier Studiozeit produziert, paßten sich die B-Streifen genau den Hollywoodgenres des Western, Musicals, Thrillers etc. an. Doch fehlten ihnen just die Zutaten, die den ausgewachsenen Hollywoodfilm ausmachten, wie Hochglanzdekorationen und Stars. Dennoch gehörten die B-Filme zur Luxus-Seite der Billigproduktionsindustrie, markieren gewissermaßen nur den Anfangspunkt. Richtig lustig wird es erst einige Sprossen tiefer.

Nun, mit wem möchten Sie Ihr Bett lieber teilen? Dem Superstar des B-Films, dem späteren Präsidenten Ronald Reagan, macht es offensichtlich nichts aus, daß Diana Lynn in »Bedtime for Bonzo« (Bonzo muß ins Bett, 1951) sich für den Schimpansen entscheidet. Bald nachdem die muntere Chronik äffischer Streiche in den Verleih kam, wurde ihr Drehbuch-Autor als Kommunist gebrandmarkt und schrieb wie andere Opfer der McCarthy-Ära keinen einzigen Film mehr.

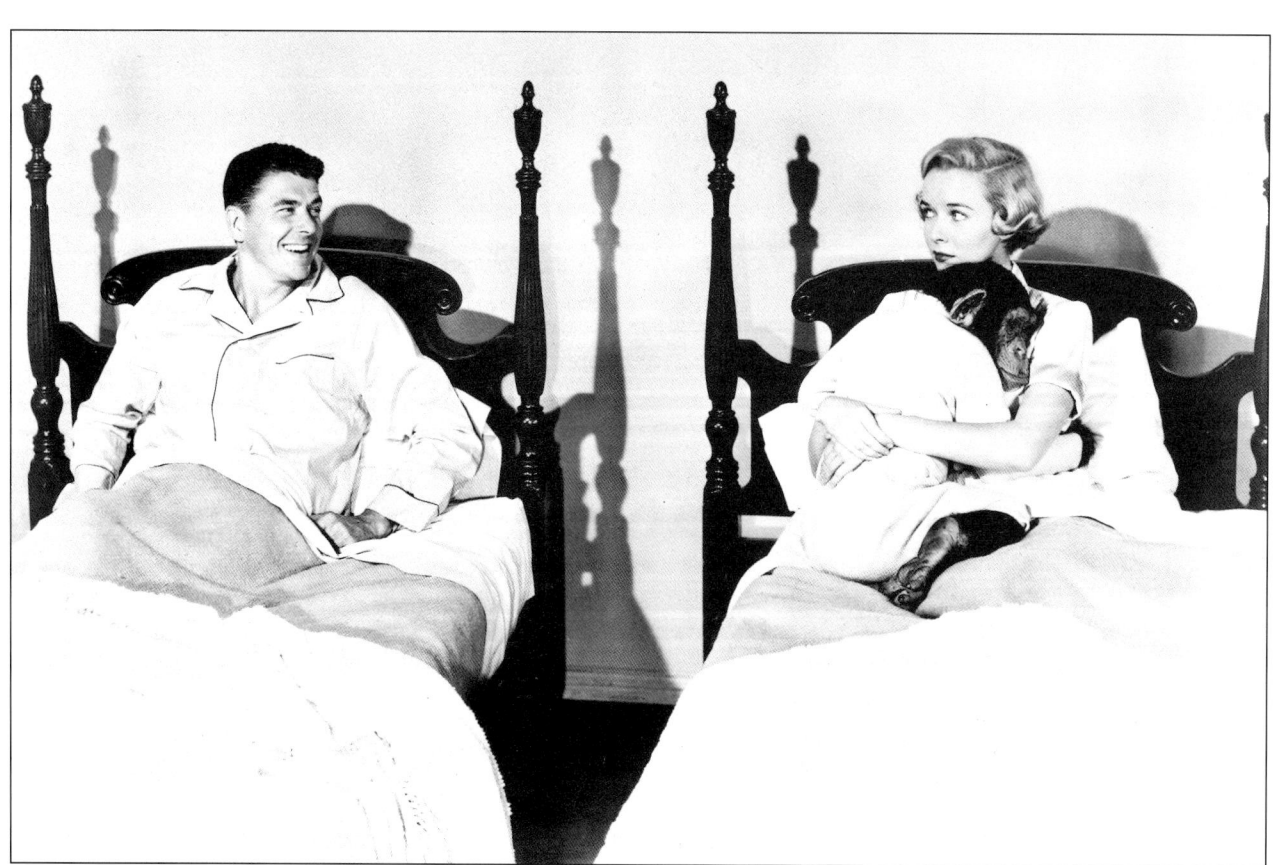

DER FILM MACHT KASSE: »EXPLOITATION MOVIES« *

Den Ausdruck »*Ausbeutungsfilme« hat man schon mal gehört, aber was hat es mit einem Ausbeutungsfilm eigentlich auf sich? Nun, man bezeichnet damit einen B-Film, der für ein ganz bestimmtes Publikum gemacht ist, wobei man dessen bekanntes Interesse für einen bestimmten Gegenstand ausnützt, vermeintlich aus sozialer Sorge, tatsächlich zur Unterhaltung. Kitschfilm-Liebhaber mögen ihre Ohren spitzen.

So sind zum Beispiel die ersten Filme, die man zum »Ausbeutungsgenre« rechnen könnte, bereits in der Frühzeit des Kinos entstanden und befassen sich mit Tabu-Themen und populären Skandalen. Sie hatten Titel, die schon alles verrieten, wie Gambling Exposed (Enthülltes Glücksspiel) oder The Curse of the Drink (Der Fluch des Alkohols). Mitte der vierziger Jahre begriffen die Filmemacher, daß die Jugend ein starkes Marktpotential besaß. Die frisch-fromm-fröhlichen Jugendlichen, die von Judy Garland und Mickey-Rooney in Hollywood dargestellt wurden – beinahe krankhaft süßlich für heutige Augen –, erhielten in Gestalt jugendlicher Delinquenten finstere Geschwister. Man wußte aus Groschenromanen und Magazinen, wo solche Figuren stark vertreten waren, daß dergleichen sehr populär war.

Der erste unabhängige Produzent, der bereit war, sich richtig auf Ausbeutung einzulassen, war ein ehemaliger Journalist und Werbefachmann mit dem eigenartigen Namen Kroger Babb. Zu seinen Schlagzeilen-inspirierten Schnellschüssen der späten vierziger und frühen fünfziger Jahre gehörte ein Streifen über ungewollte Schwangerschaft, She Shoulda Said No (Hätt' sie doch nein gesagt), der spät nachts bei Vorführungen nur für Erwachsene gezeigt wurde, und ein Antimarihuana-Film, The Devils Weed (Teufelskraut). Letzter mit Lila Leeds, einer Schauspielerin, die gemeinsam mit Robert Mitchum festgenommen worden war, weil bei ihr das verbotene Gewächs gefunden wurde.

Babbs eigentliches Talent bestand darin, Märkte zu entdecken, um die sich die größeren Studios kaum kümmerten: kleine Städte, in denen die Kinos entweder mit den teuren Großproduktionen nur wenig verdienen konnten oder wo es gar keine Kinos gab. Babb mietete einen Saal und brachte seinen eigenen Projektor mit, oder er stellte ein Zelt auf, das er auf seinem Lastwagen hatte. Er war ein grandioser Verkäufer, dessen Tricks künftige Ausbeuter inspirieren sollten. Sein frechster Kniff bestand darin, das Publikum für »heiße« Filme nach Geschlecht zu trennen oder bei Gruselfilmen eine Krankenschwester auf Bereitschaftsdienst zu haben. Außerdem gab es bei ihm Preise und kleine Geschenke.

Man argumentierte heftig hin und her, ob solche Filme eine üble Wirkung auf die öffentliche Psyche hatten. Einerseits hieß es, dadurch, daß das Böse gezeigt würde, würden die Menschen weniger leicht darauf hereinfallen, anderseits gab es die plausiblere Theorie, daß die Filmproduzenten nur auf lüsterne Sensationen aus waren. Die schwüle Mischung von Moral und niederen menschlichen Instinkten erwies sich als perfekte Chemie-Mischung für ein Kino des Kitschs.

Die ersten »Ausbeutungsfilme« der frühen fünfziger Jahre beschäftigten sich mit Tabu-Themen und populären Skandalen – wie Jugendkriminalität und Prostitution. Ihre Titel versprachen weit aufregendere Erfahrungen, als sie die Filme je zu bieten hatten.

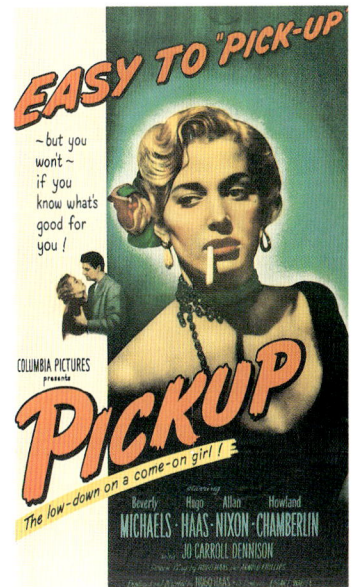

In Wirklichkeit hatten sie wohl auf jede Psyche allenfalls eine dröge Wirkung. Der als »erster erzieherischer Sex-Hygiene Film der Welt« angepriesene Mom and Dad (Falsche Scham) ist enttäuschenderweise nur eine moralistische Liebesgeschichte. Teufelskraut ist eine Art Illustriertenbeichte, die es in keiner Weise mit einem anderen Ausbeutungsfilms, Reefer Madness (Hasch-Wahnsinn), aufnimmt, worin ein einmaliges Einatmen des Rauschmittels anständige Teenager immer weiter bis zu Wahnsinn und Tod treibt.

Drei Ereignisse beschleunigten das Wachstum des Ausbeutungskinos in den Vereinigten Staaten. Zunächst einmal wurden 1953 die Antitrustgesetze entwickelt, um übermächtige Monopole zu verhindern. Damit wurden Filmherstellung und Verleih voneinander getrennt. Dazu kam ein erneutes starkes Nachlassen der Besucherzahlen, mit Spitzen von 100 Millionen Kinobesuchern kurz nach Kriegsende, auf 40 Millionen im Jahr 1957.

Außerdem wirkte sich die wachsende Popularität des Fernsehens – der Verkauf von Fernsehapparaten erreichte 1956 20000 Apparate pro Tag – entscheidend auf die Erwartungshaltung des Publikums aus. Anders als die Kinobesucher der dreißiger Jahre wollte das Publikum nicht mehr Quantität, sondern Qualität. Für die B-Filme war nun das Fernsehen da. Wenn man einen mittelmäßigen Western umsonst im TV sehen konnte – wieso bezahlen, nur um ihn sich im Kino anzusehen?

Die Filmindustrie geriet in Panik. Sie versuchte mit unterschiedlich dämlichen Spielereien zurückzuschlagen, die zu Kitsch eigener Art führten. Sensurround, Hallucinogenic Hypnovision, Percepto, Psychodrama und andere versuchten, das Kinoerlebnis in eine dritte Dimension zu übertragen – die Hollywoodträume bemühten sich, das Publikum nun auch körperlich zu erreichen. Aber die bizarren Erfindungen führten nur zu oft zu einem derart unerfreulichen Erlebnis, daß das Publikum zurück in den geschützten Wohnzimmerraum und zur kleinen viereckigen Kiste eilte, sobald der Film auch nur begonnen hatte. Schöner Fortschritt.

Smell-O-Vision (Riech-O-Vision) wurde 1960 von Liz Taylors Stiefsohn, Mike Todd Jr., für The Scent of Mystery (Geruch des Geheimnisvollen) entwickelt, mit Denholm Elliot und Peter Lorre. Im Verlauf des Filmes konnten bis zu 50 zweifelhafte künstliche Essenzen in den Saal gepumpt werden, die von der synchronisierten »Geruchspur« des Filmes kontrolliert wurden. Unter den dafür verwendeten Düften waren Rosen, Pfirsiche, Hobelspäne, Ozeanbrisen, Ölfarbe, Knoblauch und Pulverdunst. Jahre später erwies John Waters in seinem Kitschklassiker, Polyester, dieser Erfindung sein Hommage, indem er bei jeder Vorführung des Films Rubbel- und Riechkarten ans Publikum verteilen ließ. Waters nannte seinen technischen Fortschritt »Odorama«, aber diesmal umfaßte die Geruchspalette soeben verlassene lederne Autositze, Mistkübel, Pizzas und den wohl unvermeidlichen Furz.

Der dritte und wesentlichste Faktor bei der Evolution des schäbigen Ausbeutungsfilms hing damit zusammen, daß in den fünfziger Jahren ein ganz neues

Wesen auftrat – der Teenager. Bisher hatte es nur Kinder und Erwachsene gegeben – mit einer kurzen Phase des ungeschickten Heranwachsens dazwischen –, und niemand machte Filme für Heranwachsende. Wozu auch? Geld hatten sie keins, heute gab es sie, und morgen waren sie weg. Aber Teenager waren eine ganz andere Sache. Sie traten voll entwickelt mit dreizehn Jahren auf, verdienten ihr Geld mit Babysitten und Autowaschen und waren auch sechs Jahre später noch da. Sie wurden selbst zu einer wirtschaftlichen Kraft; boten einen entscheidenden neuen Markt für alle möglichen neuen Produkte von Hamburgern über Sodagetränke und Bluejeans bis zu Elvis Presley. Sie wollten auch ihre eigenen Filme.

Dies war die Zeit des Drive-In-Kinos, als das Auto in den boomenden Städten des Nachkriegsamerika König war, und die Kinder, die sich wie Erwachsene benahmen, mit jedem Tag jünger und jünger wurden. Die Ausbeutungsfilme, die sie mochten, wurden nicht als B-Filme vorgeführt, sondern im Doppelprogramm, wobei man so tat, als seien dies zwei Hauptfilme. Wenn sie beim ersten Mal erfolgreich genug waren, wurden sie später wieder hervorgeholt und zur Unterstützung eines neueren Films im Land herumgeschickt. Die großen Studios schwappten im Kielwasser von Firmen wie Hallmark (die Babb gehörte) und Monogramm, aber sie waren nicht bereit, sich auf den Geschmack der Kids fürs Sensationelle, Grausame oder Zweideutige einzulassen. Pech für die Großen, da sie gegenüber den Filmemachern im Nachteil waren, die geschmeidig und flexibel genug waren, tiefer zu gehen, als man das vorher je für möglich gehalten hatte.

Die Standard-Hollywood-Filme wie der Western, das Musical, der Thriller und die Komödie waren auf ein zu breites Publikum hin ausgerichtet, als daß die

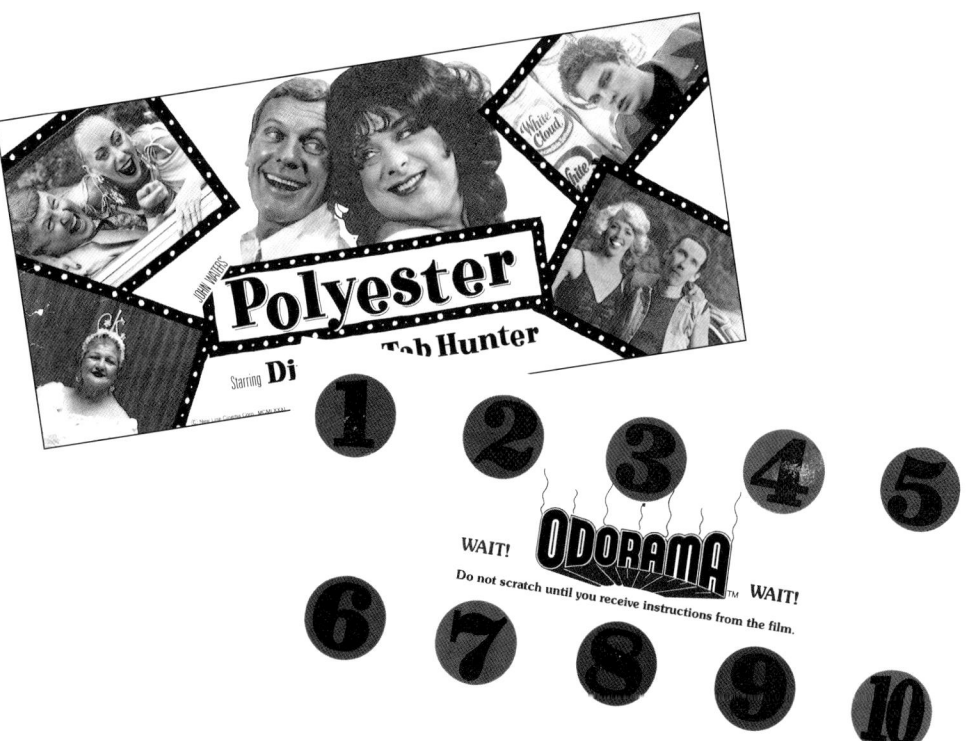

Die großen Filmstudios der späten fünfziger und frühen sechziger Jahre sahen sich mit dramatisch sinkenden Zuschauerzahlen konfrontiert und behalfen sich damit, das Kinoerlebnis auf Sinne auszuweiten, die bis dahin (und seitdem) nicht beansprucht wurden, so etwa Tast- und Geruchssinn – mit Spielereien wie »Halluzinogener Hypnovision« und »Smell-O-Vision (Riech-Vision)«. John Waters parodierte diese verzweifelten Bemühungen in Polyester (1981), wo er dem Publikum eine Rubbel-und-Riech-Karte aushändigen ließ, die es an entsprechenden Stellen des Films zu beschnüffeln hatte. Einige der Gerüche entsprechen nicht gerade denen, für die man gutes Geld ausgibt, um sie im Kinosessel schnuppernd zu genießen.

A TEENAGE TITAN OF TERROR ON A LUSTFUL BINGE!

HOWCO INTERNATIONAL presents

Teenage Monster

WITH
ANNE GWYNNE · STUART WADE · GLORIA CASTILLO
CHARLES COURTNEY · GILBERT PERKINS

THE YEAR'S
SHOCK
SUSPENSE
SENSATION!

Ein Teenager-Titan des Schreckens auf dem Wollusttrip – die Identifikation des Publikums mit dem Helden des Films war immer von entscheidender Bedeutung. Mit der Orientierung an den Herstellern von Groschenromanen lernten Ausbeutungsfilmemacher rasch, daß ein packender Titel, ein extravaganter Aufmacher und ein schreiendes Plakat alles waren, was man zum Verkauf von Unterhaltung benötigte.

Ausbeutungsfilmemacher sie hätten verramschen können. Die hergebrachten Genres hatten zu viele feste Regeln und brauchtes zu lange, um sich mit den schnell wechselnden zeitgenössischen Themen zu befassen, die das Teenagerpublikum wollte. So wurde ein ganzes Spektrum alternativer Genres geschaffen – wobei es meist um Sex, Rasse, Horror, Motorräder, Drogen und Beachpartys ging. Im Mittelpunkt standen Teenager (offensichtlich), Rock 'n' Roll, Jugendkriminalität, Monster, außerirdische Wesen, Spione, Detektive, Motorradfahrer, Kommunisten, Drogen, Naturkatastrophen, Atombomben, die prähistorische Vergangenheit und Zukunftsprojektionen. Ihre Stars waren Ehemalige aller Sparten: Ex-Modelle, Ex-Sportstars, Rockstars auf dem Abstieg und Möchtegern-Marilyns.

Einer der erfolgreichsten Filmemacher war Samuel Z. Arkoff, ein Rechtsanwalt aus Iowa, der gemeinsam mit James H. Nicholson, einem Kinomanager der Westküste, das Amerikanische Unabhängige Kino (American Independent Pictures, AIP) gegründet hatte. Dies war zwanzig Jahre lang das Markenzeichen für beste Ausbeutungsqualität. Ihre simple Firmenphilosophie bestand darin, sich sensationelle Titel für ihre Filme auszudenken, wie I was A Teenage Werewolf (Ich war ein Teenager-Werwolf, in Deutschland verliehen als »Der Tod hat scharfe Krallen«), Invasion of the Saucermen (Invasion der Untertassenmenschen) und Highschool Hellcats (Höllische Höhere Töchter), dann führten sie eine oberflächliche Marktuntersuchung bei den Kinobesitzern durch, um zu sehen, ob es dafür einen Markt gab. Arkoff und Nicholson bauten ihren Film um jeden Titel herum, der auf Gegenliebe stieß.

Das Ausmaß der durch ihre Filme erzeugten Verderbtheit, das ihnen die Moralisten zur Last legten, mag ihrer Handlungsführung entnommen werden.

Teenagers from Outer Space (Teenager aus dem Weltraum – 1959) beschreibt, wie sich ein junger Weltraumbewohner in eine irdische Teenagerin verliebt und die Pläne seiner Invasionstruppen dadurch stört, daß er sie in die Luft sprengt. Die Invasoren landen in nichts geringerem als in fliegenden Untertassen, tragen Strahlenpistolen und züchten riesige Hummermonster als Nahrung! Das Filmbudget gestattet nur, den Schatten eines solchen wohlschmeckenden Krustentieres zu zeigen. Horror of Party Beach (Horror der Party Beach – 1964) zeigt Kids, die auf einem Strand den »Zombie-Stomp« tanzen, und ein Mädchen, das harte Schnäpse trinkt und für Motorradfahrer einen Strip hinlegt. Während dessen verwandeln radioaktive Abfälle auf dem Grunde des Ozeans Menschenschädel in gräßliche Monster! Sie bringen zuerst das aus der Bahn geratene Mädchen am Strand um, dann alle Mädchen auf der Pyjama-Party. Für die, die immer noch nicht schnallen sollten, was läuft, werden Zeitungsschlagzeilen (»MONSTER SCHLAGEN WIEDER ZU« und »MASSENMORD AUF PYJAMA-PARTY«) gezeigt. Mondo Teeno (1965) erklärt besser als jeder andere Film den Zustand des heutigen Amerika. Burt Topper spricht den Text zu einem Pseudo-Dokumentarfilm, während sich die Jungen (wie gehabt) mit Sex, Drogen, Rockmusik und ausgefallenen Moden in den Wahnsinn treiben.

Mit den Wirren des kalten Kriegs, den Kriegen in Asien und der allgemeinen Lockerung der Moral war die Welt für viele Kids in den fünfziger und sechziger Jahren ein bedrohlicher und verwirrender Ort geworden, und in manchen Filmen werden die traulichen Sicherheiten des Lebens durch das Unerklärliche oder Fremde bedroht. Aber andere Filme bemühten sich, die Selbstzufriedenheit zu verstärken, und das volle Pulle. In How to Stuff a Wild Bikini (Wie man einen wilden Bikini ausstopft – 1965) spielt Frankie Avalon einen Marine-Reserveoffizier im Dienst auf Tahiti. Er fürchtet um die Treue seiner Freundin, die von einem anderen früheren Popstar, Annette Funicello, gespielt wird, und holt sich Hilfe bei einem Hexenkünstler (gespielt vom siebzigjährigen und wahrscheinlich verzweifelten Buster Keaton). Keaton beschwört einen schwimmenden Bikini herauf, den er mit einem Mädchen »stopft«, und schickt es aus, um einen von Miss Funicellos Verehrern abzulenken. Ähnlich, wenn auch deutlich biederer, schuf man auf der europäischen Atlantikseite Popmusikvehikel für die Teenypopstars des Tages, wie Cliff Richard in Expresso Bongo, The Young Ones (Hallo, Mr. Twen!) und Summer Holiday (Holiday für dich und mich).

In der zweiten Hälfte des swingenden Jahrzehnts, als alle Jugendlichen, ausnahmslos natürlich, »ausflippten«, wurde eine andere Art Film gemacht, um ihren verderbten Geschmack zu bedienen oder, andersherum, vor ihrem erschröcklichen Treiben zu warnen. Im Gegensatz zur Naivität des Strandvergnügens ein paar Jahre zuvor wurden in Filmen wie Mary Jane (der die schockierenden Fakten hinter der Marihuana-Kontroverse enthüllte), The Love-Ins (Liebesparty der Hippies) und The Hallucination Generation (Die Halluzinogene Generation) Jugendliche auf eigenartige Haartrachten und Kleider reduziert, wobei sie sich ausschließlich für Hippies, radikale Politik und laute Rockmusik interessieren. Die

Liebesparty der Hippies (1967) mit Richard Todd in der Hauptrolle handelt von einem Timothy Leary ähnlichen Ex-Professor. Er wird zum selbstbezogenen Idol, trägt Roben und preist LSD an. Nachdem er eine seiner Jüngerinnen geschwängert hat, bringt ihr Ex-Freund den neuen Messias bei einer Versammlung in einem Stadion um. Der Film hat eine derartige satanische Energie, daß er in England verboten wurde.

SCHUND & SCHAUER

Es gibt zahllose Horrorfilme mit unglaublich schlechter Handlung und wunderbaren Beispielen der Schmierenschauspielerei. Jeder Film der Hammerstudios und ein gut Teil der Arbeiten Roger Cormans kann als Studie des schlechten Geschmacks im Film dienen, aber wem es um reinen, unverwässerten Kitsch geht, der muß am äußersten Rand der Filmherstellung suchen, im billigen und wohlfeilen Sub-Genre, das kürzlich zur Kategorie des »Horror-Schunds« erklärt wurde.

Herschell Gordon-Lewis, der selbsternannte »Guru des Grausigen«, behauptet, der erste gewesen zu sein, der Leute mit offenen Augen sterben ließ! In Blood Feast (Blutfest) von 1963 wird einer Playboybrünetten das Gehirn aus dem Schädel gekratzt und einer Blonden die Zunge ausgerissen. Eine neue Filmentwick-

Der Strand war der populäre Schauplatz vieler Ausbeutungsfilme der frühen sechziger Jahre, mit Filmen, die unter so anziehenden Titeln wie Wie man einen wilden Bikini ausstopft, Der Schrecken von Party Beach (oben und rechts oben) und Strandtuch Bingo liefen. Die Filmemacher kannten ihr Publikum. Denn ob man nun die eigene Surftechnik verbesserte oder Rocker bekämpfte, als Teenager gehörte man an den Strand. Beim vorgeführten Tanz handelt es sich um den Zombie-Stomp.

lungstechnik, die Lewis lanciert und »Blood Color« (Blut-Color) genannt hatte, machte das Horrorstück noch spektakulärer. Der gute Mann verewigte sich daraufhin mit anderen Klassikern des Grausigen, wie 2000 Maniacs – 2000 Durchgedrehte – (Arm- und Beinabschneiden, ein menschlicher Grill, eine Fahrt in einem nagelbespickten Faß), und mit The Gruesome Twosome – Das Schreckenspaar – (Skalpierung zwecks Perückenherstellung am lebenden Objekt) und mit She-Devils on Wheels – Weibsteufel auf Rädern – (Enthauptung, Orgie, und das zwanzig Jahre vor Fay Weldon!).

Lewis explizite und eigenwillige Filme waren die Vorreiter für das unerfreuliche »Schund«-Horror-Sub-Sub-Genre der siebziger Jahre, wo so notorische Spinner-Killer-Thriller wie I spit on your grave (Ich spuck' auf dein Grab) und Driller Killer (Der Killer mit der Bohrmaschine) dazu beitrugen, daß die »Filmboard-Standards«, d.h. die Standards der Kinoindustrie, nun auch für Videokassetten festgeschrieben wurden. Trotz des plumpen Blutvergießens wohnt Lewis Filmen wegen ihrer outrierten Schmierenschauspielerei, ihrer absurden Geschichten und ihrer außerordentlich bizarren und phantasievollen Todesarten ein komisches Element inne, das sie einiges über den trüben Sumpf hinaushebt, der dieses Feld der Filmproduktion sonst bestimmt.

KÖNNER WIDER WILLEN

Andere klassische Schund-Filmemacher der siebziger Jahre, die einen Blick wert sind, sind Ray Dennis Steckler, der unheimliche und gräßliche Filme mit grandiosen Titeln herstellte wie The Incredibly Strange Creatures Who Stopped Living and Became Mixed-Zombies (Die unglaublich seltsamen Wesen, die zu leben aufhörten und verstörte Zombies wurden) – gefilmt in Terrorama!; eine Batman-und-

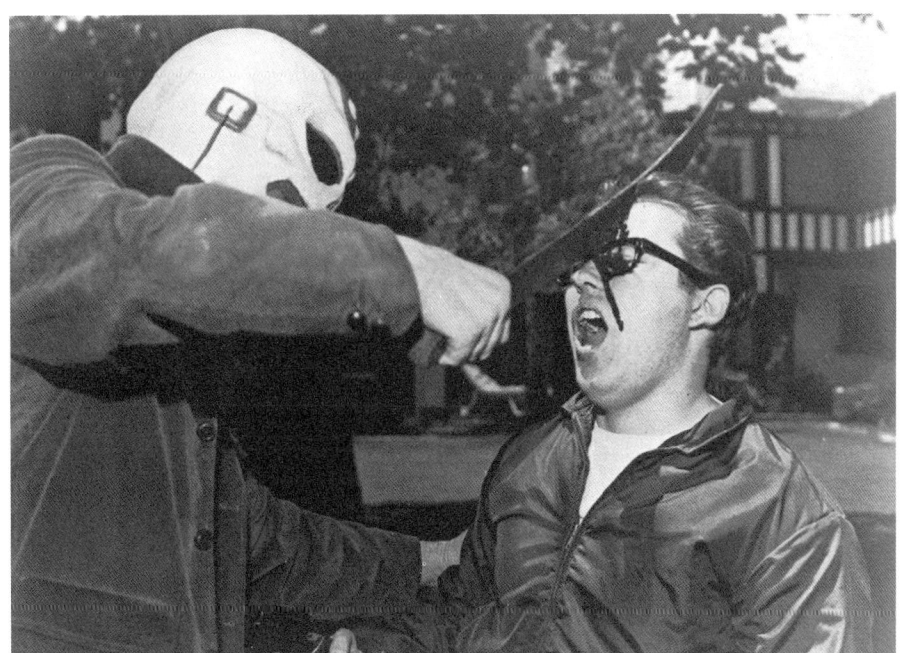

Mittelscheitel sind in diesem Jahr Mode. An den äußersten Grenzen des Filmemachens existiert ein schmieriges Sub-Genre, als Horror-Schund bekannt. Vermag man die Hände von den Augen zu lösen und sich mit dem kruden Blutvergießen abzufinden, bietet es einen wahren Schatz an Schmierenschauspielerei, absurden Geschichten und grotesk unmöglichen Schlächtereien. Genauso obligatorisch sind natürlich die ausgefallenen Titel wie Die Leichenmühle, Astro-Zombies, Roboter des Grauens (links) und, der wohl gelungenste, Die unglaublich seltsamen Wesen, die zu leben aufhörten und verstörte Zombies wurden.

49

Robin-Parodie, genannt, unerklärlicherweise, Rat Pfink A Boo Boo (Ratte Pfink a buh buh), und The Lemon Grove Kids Meet The Monsters (Die Kids vom Zitronenhain treffen auf die Monster). Ted V. Mikels war ein anderer Billig-Horror König, der Science-fiction-Streifen wie The Astro Zombies (Astro-Zombies, Roboter des Grauens), The Doll Squad (Die Puppen-Truppen) und The Corpse Grinders (Die Leichenmühle) mit Budgets erstellte, die jeder Beschreibung spotten. Ein anderer Filmemacher, der hier einer Erwähnung wert ist, ist eine Dame namens Doris Wishman, ein Kitschphänomen ganz eigener Art. Sie fing mit Filmen über Nudisten-Camps an – Nature Camp Confidential (Nudistencamp privat) und Blaze Starr Goes Nudist (Blaze Starr wird Nudistin) – und erreichte dann in den frühen Siebzigern ungeahnte Höhen, als sie sich mit Busenstar Chesty (der »Busenstarken«) Morgan zusammentat, um die beiden Sex-Ausbeutungsklassiker Deadly Weapons (Tödliche Waffen, resp. »Teuflische Brüste«) und Double Agent 73 (Doppelagent '73, resp. »Ein Superheißes Ding«) zu schaffen. Letzterer hat seinen Namen von dem in Inches gemessenen Brustumfang (ca. 185 cm) der Hauptdarstellerin. Der erste Titel bezieht sich auch auf ihren Busen, der von seiner Besitzerin als »Tödliche Waffe« zum Ersticken diverser Männer eingesetzt wird, um sich für den in der Kindheit erlittenen sexuellen Mißbrauch durch den Vater zu rächen.

Die meisten dieser Filmemacher verfügten über Produktionsmittel, die dem Amateurfilm nur wenig voraushatten. Viele finanzierten ihre eigenen Produktionen, und manche verdienten ausgezeichnet dabei. Einige drehen noch heute gelegentlich einen Film. Die vielleicht seltsamste Gestalt auf diesem Gebiet ist ein

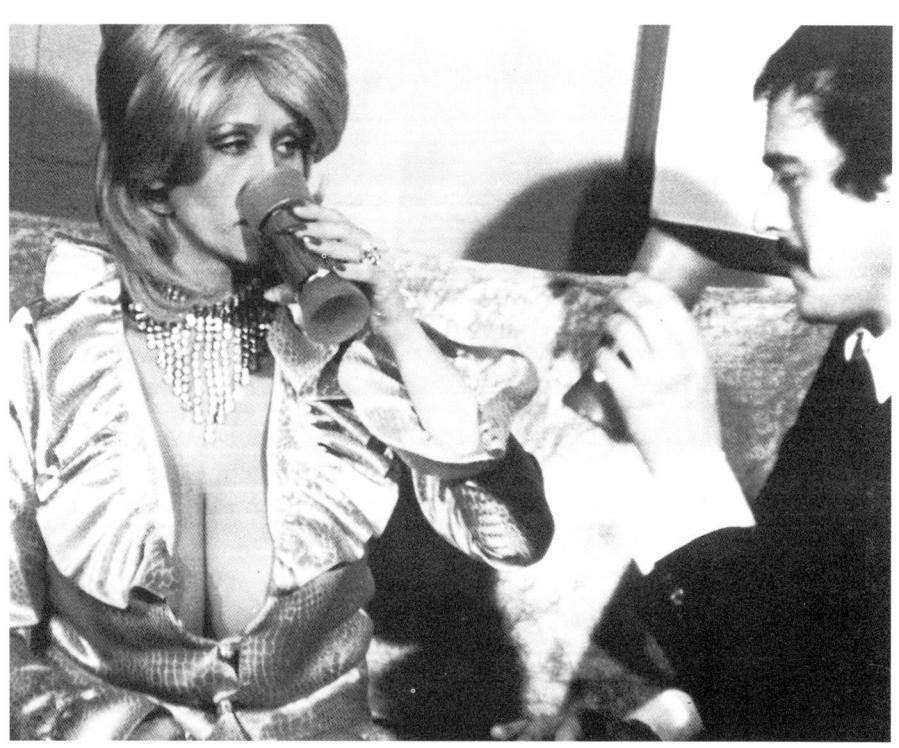

Sex-Ausbeutungs-Megastar Chesty (die »Busenstarke«) Morgan in Doppelagent '73 – mit Lizenz zum Ersticken. Ein stets präsentes Element der (absichtslosen) Selbstparodie weist die Sex-Ausbeutungsfilme einer ganz anderen Klasse zu als die Pornographie.

exzentrischer Einzelgänger namens Ed Wood Jr. Wood stellt den Höhepunkt der Kitsch-Filmkunst dar, möglicherweise ohne daß er je gewußt hätte, was das Wort bedeutet. Seine Filme waren ganz in Schwarz und Weiß gedreht, was ihr eigenartiges außerirdisches Ambiente noch verstärkt. Er arbeitete querbeet durch die Genres: einen Western, Crossroads Avenger (Der Rächer vom Kreuzweg); ein Kriminalmelodram, Jailbait (Gefängnisköder), Sex, Glen or Glenda (Glen oder Glenda), Wood war selber ein Transvestit; und sogar im Science-fiction-Bereich, Bride of The Atom (Atombraut) und sein wohl bekanntester Film, Plan Nine from Outer Space (Plan 9 aus dem Weltall). Ein Klassiker, der seinen Status vor allem seinen verblüffend bizarren Kontinuitäts-Fehlern verdankt: ein schwarzer Wagen wird plötzlich zu einem weißen, wenn die Szene aus einem anderen Winkel aufgenommen wird, und eine Sequenz spielt sich abwechselnd bei Tag und Nacht ab.

Das alles schien Wood nichts auszumachen, dessen Entscheidungen oft dem Wahnsinn nahekamen. Als zum Beispiel Béla Lugosi, der Star von Plan 9, wenige Tage nach Beginn der Dreharbeiten starb, ersetzte er ihn durch seinen Chiropraktiker, der sich für den Rest des Films einen Umhang vors Gesicht hielt. Leider war der Chiropraktiker etwa dreißig Zentimeter größer als Lugosi. Daher ist es nicht

Eine Szene aus Plan 9 aus dem Weltall – der immer wieder zum schlechtesten Film aller Zeiten gekürt wird. Er steckt voller plumper Kontinuitätsirrtümer und einfallsreicher Sparmaßnahmen wie der Verwendung von Raddeckeln und Wegwerfbechern als fliegende Untertassen. Als sein Star starb, hatte der Regisseur Ed Wood Jr. keinerlei Skrupel, das ursprüngliche Filmmaterial zu verwenden und den Rest des Films mit einem Schauspieler zu drehen, der dreißig Zentimeter größer war. Es gibt eine Szene, wo zwei als Piloten gekleidete Männer vor einer nackten Wand sitzen und einfach so tun, als wären sie im Cockpit eines Flugzeugs!

Troma-Filme werden für das dem Drive-In-Kino entsprechende Äquivalent der neunziger Jahre, die Videokassette, produziert. Sie folgen der großen Tradition der Ausbeutungsfilme, vor allem mit Titeln wie Surf Nazis müssen sterben und Dickerchen dreht durch, und haben sogar ihren eigenen Superhelden geschaffen, den Toxischen Rächer.

weiter erstaunlich, daß Plan 9 als schlechtester Film aller Zeiten angepriesen wurde – doch langweilig ist er bestimmt nicht. Definiert sich Kitsch so, daß man dem Publikum, in der Hoffnung, es werde schon nichts merken, etwas qualitativ Mieses aufdrängt, so kürt dies Wood zum Bettlerkönig des Kitsches.

Eine qualitativ höherwertige Variante der Ausbeutungstradition wird heute durch die Troma-Company gepflegt, eine Produktionsfirma, die sich in der Nähe der New Yorker Hell's Kitchen befindet. Ihre geistigen Väter sind zwei Yale-Absolventen und Schund-Film-Fans, Lloyd Kaufman und Michael Herz. Troma hat sich erfolgreich auf die Nachfrage nach nicht ganz ernst gemeinten, genau auf den Video- und den fernöstlichen Kinomarkt zugeschnittenen Produktionen eingestellt, wo man sich alles anschaut, wenn nur genügend Sex und Gewalt vorkommen.

Alleine für die Titel hätte Troma einen Oskar verdient. Wer kann im Videoladen um die Ecke Kassetten widerstehen, die Namen tragen wie: Surf Nazis Must Die (Surf Nazis müssen sterben), Fat Guy goes Nutzoid (Dickerchen dreht durch), Demented Death Farm Massacre (Massaker auf der Todesfarm der Wahnsinnigen), I was a Teenage TV Terrorist (Ich war ein Teenager-TV-Terrorist), The Class of Nuke 'Em High (Die Klasse mit der Atombombenstimmung), und, ihre erfolgreichste Schöpfung, The Toxic Avenger (Der toxische Rächer)? »Toxie«, wie er liebevoll genannt wird, ist ein deformierter Kult-Held – ursprünglich ein sommersprossiger Schwächling, der, nachdem er mit toxischen Abfällen in Berührung gekommen ist, zu Tromas Version eines Indiana Jones mit Umweltbewußtsein wird. Der grüne Gigant der Ausbeutung hat nun drei Filme hinter und eine Zukunft vor sich, die über die wildesten Träume seiner Schöpfer weit hinausgeht. In bester Ausbeutungstradition kostete der Toxische Rächer unter eine Million Dollar und spielte über fünfzehn Millionen ein, was Troma zu einer bedeutenden Kraft im unabhängigen amerikanischen Kino gemacht hat.

Troma fördert neue Talente – Kevin Costners erster Film war ein Troma-Verleih –, und sie halten an moralischen Standards fest. »Unsere Filme sind positiv und anständig«, behauptet Lloyd Kaufman. »Wir hatten nie einen Helden, der Drogen nimmt oder als verheirateter Mann Seitensprünge macht. Viele Filme für junge Leute sind zynisch, und das Publikum soll sich mit dem bösen Hauptdarsteller identifizieren. Das entspricht nicht unserem Stil.« Habe ich nicht gesagt, ein Sinn für Komik sei wesentlicher Bestandteil des Troma-Oeuvres?

SEX MACHT KASSE

Daß Sex so gut wie Bargeld ist, wurde vom Kino etwa zur gleichen Zeit begriffen, als man entdeckte, daß Leute Geld zahlen, um Geschichten in bewegten Bildern zu sehen. Insgesamt ging es im Kino der zwanziger Jahre vor allem um Sex und Sexappeal, was zwar gut für die Kasse war, aber unerwünschte Nebenwirkungen hatte, als Hollywood in den Ruf eines unmoralischen Morasts geriet.

Sex- und Drogen-Skandale wie die Fatty-Arbuckle-Affäre und der Mord an William Drummond Taylor, dazu die schwülen Produkte von Cecil B. De Mille oder die nicht enden wollenden Filmserien mit dem Daueropfer Lillian Gish lösten in der Filmindustrie eine kleinere Panik aus. Da Hollywood eine staatliche Überprüfung seines Geschäftsgebarens befürchtete, richtete es unter einem Mann namens William Hays sein eigenes Zensur-Büro ein. Hays, zum Präsidenten des neu gegründeten Vereins der Filmproduzenten und Kinobesitzer von Amerika ernannt, war ein strenger Mann, der seine Aufgabe, Hollywood zu säubern, sehr ernst nahm. Er war der festen Überzeugung, Filme seien zur Massenunterhaltung bestimmt, und lehnte alles ab, was ihm für ein Familienpublikum ungeeignet erschien.

Heute liest sich der 1927 eingeführte Hays-Code wie ein Basis-Text der Kitsch-Literatur. Eine Liste von Vorschriften und Verboten, entworfen in Zusammenarbeit mit Repräsentanten der Katholischen Kirche, beinhaltete Direktiven

Trotz der vernichtenden Bemühungen um die Unterdrückung der menschlichen Libido durch das Hollywood-Zensur-Komitee, an dessen Spitze William Hays stand, schlug die weibliche Sexualität mit Schauspielerinnen wie Joan Crawford, Barbara Stanwyck, Greta Garbo und, wie hier, Jean Harlow entschieden zurück. Die Vorschriften begnügten sich damit, bestimmte Handlungen vorzuschreiben; wiesen aber einige himmelschreiende Mängel auf, wie z. B. das Verbot, sich verführerisch in einem Stuhl zu räkeln.

wie das Verbot von Mund-zu-Mund-küssen, die Einführung getrennter Betten auch für Ehepaare und die Vorschrift, daß bei allen Liebesszenen mindestens ein Fuß jedes Partners den Boden berühren mußte. Unter seiner Ägide wurde eine Szene, die Geburtswehen zeigte, aus Way Down East gestrichen.

Trotz Hays Versuch, im Film der dreißiger Jahre alle unanständigen Anspielungen auszumerzen, schlug die menschliche Libido zurück – und dies in sehr bestimmter Weise. Weibliche Sexualität wurde von verschiedenen Seiten angeboten – Crawford, Stanwyck, Shearer, Colbert und Garbo. Äußerst populär wurde ein besonders kesser Frauentyp – die blonde Sexbombe. Eine der spektakulärsten der frühen Sexbomben war Jean Harlow. Auf der Leinwand war sie ordinär und frech, die Wasserstoffblonde in Reinkultur. Es wurde kolportiert, daß sie sogar ihr Schamhaar blondieren würde, weil sie angeblich nie Unterwäsche trug und keinen unpassenden Bartschatten zur Schau stellen wollte. Ihre große Stärke als Schauspielerin bestand darin, Sex lustig und Komödie sexy zu machen, worin sie eine Vorläuferin von Marilyn Monroe war.

Aber die bedeutendste Sexkönigin Hollywoods vor den fünfziger Jahren war zweifellos Mae West. Schon einundvierzigjährig, als sie den Durchbruch schaffte, würde sie heute zur Klasse der gereiften Sex-Symbole gezählt, wie die Fernsehstars Joan Collins, Kate O'Mara und Linda Evans – aber 1933 galt eine Frau über dreißig als hoffnungslos vertrocknet. Mae West strafte das allgemeine Vorurteil Lügen und rettete mit ihren beiden bedeutendsten Filmen, She Done Him Wrong (Sie tat ihm unrecht) und I'm No Angel (Ich bin kein Engel) buchstäblich die Paramount-Studios vor dem Ruin. Worum es bei ihr ging, war stets klar – als ihr Studio-Boss, der gebürtige Ungar Adolph Zukor, im Werbetext den Satz »hitting the highpoints of lusty entertainment« (Höhepunkt lustvoller Unterhaltung) las, rügte er bei seinem Publicity-Mann die Verwendung des Ausdrucks »lusty«. Geschickt wies der PR-Mann darauf hin, daß das englische »lusty« sich vom deutschen Ausdruck »lustig« herleite, was »munter« und »fröhlich« bedeute. Zukor hörte ihn geduldig an, seufzte und erklärte: »Ein Blick auf die Titten der Dame, und ich weiß, was das Wort ›lusty‹ bedeutet.«

Mae West war eine Pionierin. Ihre Persönlichkeit war eine Huldigung an die Sexualität, und dank ihr wurde Sex um des Sex willen, ohne irgendwelche Zutaten, akzeptabel. Ihr Benehmen war gewagt, selbst heute erwartet man von Frauen nicht, daß sie sich so drastisch zu Sex äußern. Auch wenn ihre Filme selbst nicht kitschig sind – zumindest nicht die ersten Filme, bevor der Hays-Code ihre schwülen Spitzen dämpfte –, war ihr Einfluß auf die nachfolgenden Königinnen des Schwülen ungeheuer.

Der prominente Busen erwies sich als Grundstein mancher erfolgreichen Hollywoodkarriere – so bei Jane Russel, Marilyn Monroe, Kim Novak, Ann Margret, Sophia Loren, Bette Midler und Dolly Parton, um nur einige zu nennen. In den fünfziger Jahren war die kurvenreiche Figur für jede Möchtegern-Leinwandgöttin von entscheidender Bedeutung. Kurzzeitig schien das Prinzip des je mehr, desto besser zu gelten.

Mae West verkaufte ihre Sexualität mit der Subtilität eines Rummelplatzschreiers. Auch wenn ihre Filme viel zu klug und selbstbewußt sind, um als Kitsch zu gelten, war sie das Vorbild für Billig-Imitate, die ohne ihre Ironie auskommen mußten. I'm no Angel (Ich bin kein Engel, oben) rettete Paramount vor dem Beinahe-Bankrott.

Drehbuchautor George Axelrod – der unter anderem Filme wie The Seven Year Itch (Das verflixte siebente Jahr) und The Manchurian Candidate (Botschafter der Angst) verfaßt hatte, hatte eine junge Schauspielerin unter persönlichem Vertrag und ließ sie einen Leinwandtest machen. Der Höhepunkt bestand darin, daß das Mädchen eine ihrer stattlichen Brüste sanft an der Kamera rieb! Das betreffende Sternchen war die legendäre Jayne Mansfield: Zehn von zehn Punkten auf der Kitschskala – und ihre Karriere hatte noch nicht einmal begonnen.

Diese Sexbombe ist bestimmt eines der potentesten Sinnbilder, das Hollywood je produziert hat. Ihr Busen schien nicht nur Newtons Gesetzen der Schwerkraft zu widersprechen, sondern sogar der Relativitätstheorie Einsteins. Ihre Haare entsprachen dem Wasserstoffblond von Jean Harlow (übrigens ihr großes Vorbild) und ihr Sex-Appeal beruhte nicht auf lockender Zurückhaltung, sondern auf der hochelektrischen weiblichen Sexualität einer Marilyn Monroe. Jayne war geradezu das personifizierte Wasserstoffblond, ihr Körper schien buchstäblich

Jayne Mansfield lebte als Inkarnation einer Kitschgöttin. Als legendäre blonde Sexbombe beruhte ihr Sexappeal nicht auf der verlockenden Scheu der Harlow, sondern auf der elektrisierenden weiblichen Sexualität von Monroe. Ihre bis zum äußersten getriebene Schnuckelchen-Nummer machte sie in den späten fünfziger Jahren zu einer berühmten Persönlichkeit.

alles zu sprengen, was sie auf dem Leibe trug. Die Kunst des Understatement beherrschte sie nie, aber weiter treiben als sie konnte es keine.

Jayne Mansfields Körperlichkeit, ihre bis zum äußersten gehende Frauchen-Nummer und ihre Liaison mit George Axelrod ließen sie zu einer der berühmtesten Persönlichkeiten der späten fünfziger Jahre werden, aber merkwürdigerweise trat sie nicht in besonders vielen Filmen auf, und die wurden nicht einmal sehr häufig gezeigt. Wahrscheinlich hatte nur einer von Hunderten ihrer Fans sie je spielen sehen, und das wahrscheinlich in ihrem berühmtesten Film The Girl can't help it (Was kann das Mädchen denn dafür…) von 1957.

In diesem dramatischen Meisterwerk geht es um einen von Tom Ewell gespielten Impresario, der zum Alkoholiker wird, nachdem ihn seine wichtigste Kundin, eine von Julie London gespielte Schnulzensängerin, verlassen hat. Darauf trifft er einen Gangster, der ihn beauftragt, seine von Jayne gespielte Freundin in einen Star zu verwandeln. Unglücklicherweise hat Jayne eine Stimme wie eine Luftschutzsirene, was aber durch ihre Figur mehr als ausgeglichen wird. Ihre erste Platte ist ein Hit, dennoch gibt es Schwierigkeiten, da sie sich in Ewell verliebt. Das Ganze hat natürlich ein Happy-End: Ewell wird ein Rock 'n' Roll Star, und Jayne gibt ihre Bühnenlaufbahn auf, um ihn zu heiraten. Jede Szene dieses Meisterwerks trägt den Stempel von Frank Tashlin, dem Regisseur, der sein Publikum mit visuellen Gags bombardiert – wie Jayne in der Eröffnungssequenz die Straße hinabläuft, platzen den Milchflaschen die Deckel ab, und Brillengläser zerspringen.

Jayne Mansfield lebte als Göttin des Kitschs. Den Nutzen von Pressefotos zur Karriereförderung begriff sie sehr früh und spielte dabei Jane Russel und Sophia Loren an die Wand – letztere wurde auf einem berühmten Bild festgehalten, wie ihr beim Anblick von Jayne Mansfields Décolleté fast die Augen zum Kopf herausspringen. Als Mansfield 1955 England besuchte, gelang es einem Fotografen, sie von unten, beim Heraufgehen einer Treppe, zu erwischen. Wie Harlow trug sie niemals Unterwäsche, und ihr Hintern schmückte daraufhin die Titelseiten ganz Europas. Sie nahm es gelassen: »Es gibt ein altes Wort, das ich in Hollywood gelernt habe: solange sie nur den Namen richtig schreiben…«

Auf dem Höhepunkt ihres Ruhms baute sie das ehemalige Heim des Stummfilmstars Rudy Vallee zu ihrem notorischen Rosa Palast am Sunset Boulevard um. Außen in ihrem persönlichen, nicht allzuzarten Mansfield-Rosa getüncht, standen drinnen herzförmige Betten, Badewannen und ein Swimmingpool mit der Inschrift »I Love You Jaynie«, den ihr zweiter Ehemann Mickey Hargitay in den Boden hatte kacheln lassen; außerdem gab es einen Presseraum mit 500 gerahmten Illustriertentitelseiten, auf denen die busenstarke Blondine abgebildet war. Durch einen netten Dreh der Kitschgeschichte ist der rosa Palast nun zum Heim von einem von Jaynes ehemaligen Verehrern, Engelbert Humperdinck (mit richtigem Namen Gerry Dorsey) geworden, dem Schnulzenkönig der verschwitzten Las-Vegas-Shows mit den hüpfenden Spitzenhöschen für gesetztere Herrschaften.

Mansfield starb einen tragischen Tod, sie wurde auf entsetzliche Weise bei

John Waters bezeichnete sie als die erste weibliche Frauenimitatorin der Welt. Als personifizierte Wasserstoffblondine, die alle ihre Kleider zu sprengen schien, war Jayne Mansfield berühmt dafür, daß sie ganz sie selber war. Die Filme, die sie machte, waren beinahe ebenso schnell vergessen, wie sie in den Verleih kamen. Ihre Singstimme war dabei nicht besonders hilfreich, um so weniger, als sie häufig in Anspruch genommen wurde, wie in der Nachtklubszene aus Too hot to Handle (Zu heiß zum Anfassen, rechts). Aber sie galt auch als das klügste blonde Dummerchen der Welt – sie hatte sowohl ein Diplom der Universität von Texas wie eines der Universität Kaliforniens, und ihr Intelligenzquotient von 163 stellte selbst ihren Busen in den Schatten.

einem Autounfall enthauptet, als sie selber am Steuer saß. Ein Jahr vor ihrem Tod hatte das Mädchen, das einst ihr Badewasser zu 10 Dollar pro Flasche an ihre Fans und Bewunderer verkauft hatte, als Richterin in einem »Jayne-Mansfield-Ähnlichkeitswettbewerb« für Transvestiten fungiert – die hehrste Auszeichnung in der Welt des Kitschs.

Etwa zur gleichen Zeit, als Jayne sich einen Namen machte, trieb ein anderer das Zelluloid-Ideal der weiblichen Figur vom Sublimen zum Lächerlichen. Als Sohn eines Polizisten und einer Krankenschwester, die sich durch sechs Ehemänner durchgearbeitet hatte, füllte Russ Meyer seine Filme mit einigen der großbusigsten Frauen, die je auf Erden gewandelt sind. Die Häufigkeit, mit der in seinen Filmen riesige hüpfende Titten zu sehen sind, lenkt die Zuschauer oft davon ab, daß seine Filme eine ernsthafte sozialkritische Seite haben und komplexe moralische Dilemmata behandeln. Was denn sonst?

Meyer war entscheidend für eine der wichtigsten Durchbrüche im Sexfilm verantwortlich, als sein The immoral Mr. Teas zum ersten Weich-Porno wurde, der ungeheuer Kasse machte – eine Investition von 24000 Dollar, die einen Erlös

Die vollbusigen Frauenzimmer, die die beiden Seiten schmücken, sind Stars aus den Filmen des Königs der Sexausbeutung, von Russ Meyer. Die Busen seiner Stars wie der von Kitten Natividad (unten) trieben so manchen Büstenhalterhersteller zur schieren Verzweiflung.

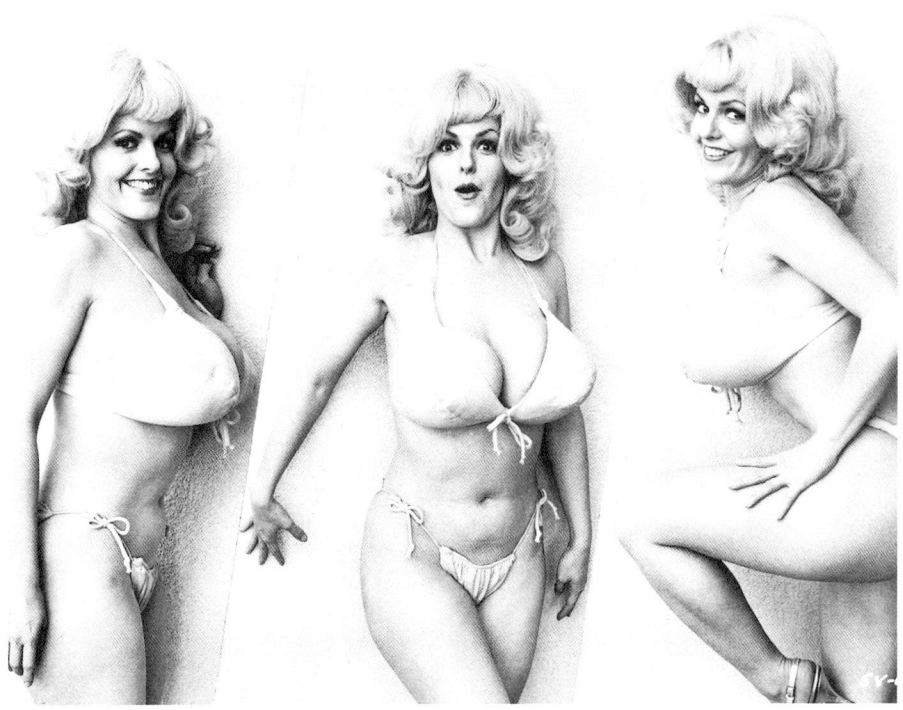

von über eine Million Dollar erwirtschaftete. Damit fingen die wichtigeren Studios an, sich ernsthaft für Herrn Meyer zu interessieren. Nachdem er mit einem anderen Busen-Blitzer, Vixen, mit 76000 Dollar 6 Millionen Dollar verdient hatte, wurde er von 20th Century Fox zur Produktion von zweien seiner schwächeren Werke über Sex und Gewalt angeheuert, Beyond the Valley of the Dolls (Blumen ohne Duft, 1970) und Seven Minutes (Sieben Minuten, 1971).

Meyer wird von wohlwollenden Kritikern das Verdienst zugesprochen, die sexuelle Freiheit wesentlich erweitert zu haben, aber seine eigentliche Leistung besteht darin, fast im Alleingang den Weg für das Nackte-Flittchen-Genre und die späteren harten Pornofilme frei gemacht zu haben, die nach wie vor produziert werden. Aber es ist der Mühe wert, sich wenigstens einen von Meyers Filmen anszusehen, etwa Faster Pussycat Kill! Kill! (Die Satansweiber von Tittfield, 1966), Mud Honey (Im Garten der Lust) oder Lorna, und sei es nur des Spektakels der ballonförmigen Körperlichkeiten wegen, die sich auf der Jagd nach irgendeiner belehrenden Geschichte energisch auf- und abbewegen.

KÖNIG KOTZEK

»Ausbeutungsfilme sind die einzigen, die mit dem fürchterlichen Ausdruck ›Kunst‹ etwas zu tun haben. Ich frage mich, wieso Filmstudenten nach wie vor von Orson Welles oder Howard Hawks schwätzen, wenn sie die beiden größten Meister der Filmgeschichte ignorieren: Russ Meyer und Herschell Gordon Lewis. Selbst die schlechtesten Filme der beiden Regisseure sind unendlich viel interessanter als Citizen Kane.« So John Waters, der König des Filmkitschs, oder, wie er sich selber nennt, von König Kotzek, dem »Prince of Puke«. »Für mich geht es bei der Unterhaltung genau um den schlechten Geschmack. Wenn jemand bei einem meiner Filme kotzen muß, empfinde ich das als stehenden Applaus!«

Waters ist wahrscheinlich der berühmteste Filmemacher der Welt mit anerkannt schlechtem Geschmack. Ihm ging es ausdrücklich darum, die Sensibilität seines Publikums zu verletzen und bewußt Kitsch zu schaffen, im Gegensatz zu seinen Idolen, deren Kitsch durch eine glückliche Fügung zustande kam. Er hat entscheidend dazu beigetragen, daß Kitsch als eigenständiges Produkt anerkannt wird, ob es sich nun um halbbewußt erzeugten Kitsch oder um absichtlich, in offener Selbstdarstellung, entstandenen Kitsch handelt. Daß die Schundästhetik nun auch allgemein anerkannt ist, zeigt sich daran, daß der Mann, der einst die amerikanische Gesellschaft mit seinen Filmen unterwandern wollte, von Universal Pictures eingeladen wurde, einen Film, Cry Baby, zu machen. Dadurch, daß er nun von einem bedeutenden Hollywood-Studio gestützt wird, könnte er, Gipfel der Ironie, eines Tages für einen Oskar nominiert werden!

Waters berühmtester Film, Pink Flamingos (Rosa Flamingos), von 1972, ist ein wahrer Klassiker – ein Film, in dem sich der schlechte Geschmack beim Publikum wirklich durchsetzte, obwohl es ein paar Jahre dauerte, ehe er einen Verleih fand. Das ist vielleicht gar nicht so erstaunlich bei einer Geschichte, wo es um zwei Außenseiterfamilien geht, die beide um den Titel der »Dreckigsten Menschen der Welt« kämpfen. Auf der einen Seite Waters eigene Sexbombe, ein gigantischer Transvestit, Divine (»die Göttliche«), und ihre verstörte Familie, zu der Edith Massey als 250 Pfund schwere Seniorin gehört, die mit Büstenhalter und Hüftgürtel angetan in einem Laufgitter sitzt und Eier anbetet. Die Herausforderer sind Connie und Raymond Marble (Mink Stole und David Lothary), ein eifersüchtiges, publicityhungriges Paar mit prä-punkigen grünen und roten Haaren, das Heroin an Schulkinder der Innenstadt verkauft und junge Anhalterinnen entführt, um sie mit dem Samen ihres Hausdieners zu befruchten, und die Kinder dann an kinderlose lesbische Paare verkauft.

Divines Familie versucht unauffällig zu leben, weiß sie doch, daß sie tatsächlich aus den »Dreckigsten Menschen der Welt« besteht, aber die Marbles wollen ihnen den Titel entreißen, indem sie ihnen per Post ein Stück Scheiße schicken und das »Mobile Heim«, den Großwohnwagen der Familie, niederbrennen. So zum Krieg provoziert, entführt der Divine-Clan die Marbles, urteilt sie öffentlich wegen »Arschlochismus« ab und ermordet sie auf einer für die sensationsgierigsten Journalisten des Landes einberufenen Pressekonferenz. In der letzten Szene der unzensierten Version des Films verspeist Divine einen warmen und frischen Hundekot (im Film nicht gestellt), um den ihr rechtmäßig gehörenden Titel erneut zu sichern, bevor sie mit ihrer Familie nach Idaho zieht, um zu einem friedlichen Drecksdasein zurückzukehren.

Das ist auf die Spitze getriebene Schund-Ästhetik. Wenn Waters Dinge äußert wie, »man sollte stets daran denken, daß es so etwas wie einen guten schlechten Geschmack und einen schlechten schlechten Geschmack gibt«, ist es ihm ernst. »Nichts ist leichter als anwidern. Ich könnte ohne weiteres einen

John Waters, selbsternannter König Kotzek – immer auf der Lauer nach erstklassigem Schund.

90-minütigen Film machen, wo Leute ihre Beine abgehackt bekommen, aber das wäre nur schlechter schlechter Geschmack und weder besonders witzig noch originell. Guter schlechter Geschmack kann einem den Magen umdrehen, muß dabei aber vor allem den verdrehten Sinn für Humor ansprechen.« Was immer Waters tut – stets steckt hinter dem Schock ein Sinn für Komik. Um ihn zu würdigen, braucht man nur einen entsprechend schrulligen Sinn für Humor und einen gesunden Magen.

John Waters wirkt im harten Kern des Kitschs, sein Bezugsrahmen wird durch seine Heimatstadt Baltimore, Maryland, bestimmt, für ihn die »Frisurenhauptstadt der Welt«. Schon in sehr frühem Alter verliebte er sich in die Ausbeutungsfilme der Billigverleihs und wurde besonders von deren amateurhafter Präsentation, ihrem sozialkritischen Inhalt und ihren blutigen Spezialeffekten fasziniert.

Seine Besessenheit mit der schäbigen Unterseite des Lebens lebte er 1964 in seinem ersten Film aus, der den wunderbaren Titel Hag in a Black Leather Jacket (Alte Jungfer in schwarzer Lederjacke) trägt. Er hatte zwei Ziele: sich selber als eine Art Andy Warhol des Schundfilms zu etablieren und die Mittelklasse, aus der er stammte, zu schockieren. Er machte vier weitere Filme, bevor er mit Rosa Flamingos die Gipfel des Kitschs erklomm, der letzte der Serie, Multiple Maniacs (Vielfache Berserker) von 1970, wurde von einer von Waters kleinen persönlichen Obsessionen inspiriert, dem notorischen Massenmord der Manson-Familie, dem Sharon Tate und ihre Hausgäste im Kalifornien des Jahres 1968 zum Opfer fielen.

1982 schrieb und drehte er seinen besten und lustigsten Film und gewann mit Polyester ein Massenpublikum für die Schund-Ästhetik. Divine spielt Francine Fishpaw, eine Hausfrau, die vor einem Scherbenhaufen steht: ihr Mann, ein Porno-Kinobesitzer, betrügt sie, ihr Sohn schnupft Lösungsmittel und Engelsstaub, ihre wilde Tochter ist schwanger. Sie betrinkt sich dauernd bis zur Besinnungslosigkeit, und ihr Hund begeht Selbstmord. Aber dann tritt ein gutaussehender Playboy, gespielt vom B-Film Idol Tab Hunter, in ihr Leben. Der Film, voller Anspielungen auf das Ausbeutungsgenre, Pornographie und den Kunstfilm, hätte Waters größter Hit sein können, aber der Humor dieses für ein Massenpublikum gedachten Werks ging doch ein wenig weit. Waters setzte während seiner Karriere stets auf Schocktaktik, bis er auf so laute Geräusche nicht mehr angewiesen war und die unabhängige New Yorker Produktionsfirma New Line Cinema sich um ihn bemühte und den sehr erfolgreichen Hairspray (Haarlack) von 1987 finanzierte. In seinen letzten Filmen machte Waters seinen akuten und einmaligen Sinn für Kitsch auf immer raffiniertere Weise deutlich. Keiner versteht den komischen Wert der kreativen Rollenbesetzung besser als er; halb tote Rockstars (Stiv Bators in Polyester), vergessene B-Filmstars (Tab Hunter im gleichen Film), verblassende Popstars (Debbie Harry in Hairspray), ehemalige Softpornoköniginnen (Pia Zadora im gleichen Film), oder echte minderjährige Ex-Pornodarstellerinnen (Traci Lords in Cry Baby). Aber Waters wichtigster Darsteller war, bis zu seinem unzeitigen Tod 1988, Waters eigene Version von Jayne Mansfield, Divine.

Waters Female Trouble (Frauenprobleme) verfolgt die Karriere der nicht ganz gertenschlanken Dawn Davenport von der Jugendkriminellen zur Nutte, zur Massenmörderin und schließlich auf den elektrischen Stuhl. Dies ist für sie der Gipfel des Ruhms, die Bestätigung, daß sie es in ihrem Beruf bis an die Spitze gebracht hat.

DIE SCHÖNSTE FRAU DER WELT

Im wirklichen Leben ein Ex-Friseur namens Glenn Muldoon, hat Divine wesentlich zur ungeheuren Popularität von Waters beigetragen; ebenso wie die spezielle Freude am Spitzbübischen, die sie beide teilen. Auch Divine wuchs in der »Frisurenhauptstadt der Welt« auf, nur einen Block von Waters entfernt. Obwohl sie keine nahen Freunde waren, haben sie gerade in ihren bildreichsten Jahren früh ein Gespür für die Eigenart des anderen entwickelt.

Als Kind verehrte Divine Elizabeth Taylor und schwor, eines Tages ein Star zu sein. Von Schulkameraden böse gepiesackt, begriff er recht früh, daß dies kein leichtes Ziel war. Tief im Herzen wußte er, er war die schönste Frau der Welt, aber wie konnte er seine Mitmenschen davon überzeugen?

Divine spürte irgendwie, daß seine Karriere nicht vom Fleck kam, ehe nicht die Presse außerhalb Baltimores auf seine Filme aufmerksam wurde. Sobald er einmal Publicity geschmeckt hatte, fand er sein wahres Ich. Er zog nach Kalifornien, ging jeden Abend aus und sorgte dafür, daß ein Foto von ihm, in voller Tuntenausrüstung, den Weg ins Time-Magazin fand. In den frühen siebziger Jahren verbrachte er sehr viel Zeit in San Francisco und trat im Palace-Theater unter Titeln wie »Divine und ihre prächtigen Prachtskerle«, »Divine rettet die Welt«, »Palast der Sünden« auf. Als er hörte, daß Rosa Flamingos in Los Angeles Premiere haben würde, ging er nach Santa Monica, um bei der Premiere auf der Rückseite eines Müllfahrzeugs aufzutauchen. Er hielt täglich am Strand Hof, und bald hieß es überall, Divine in seinem Tanga-Bikini müsse man einfach gesehen habe. Er verwirrte gerne die Presse mit Erklärungen wie: »Schwul? Macht Ihr Witze? Ich habe eine Frau und zwei Kinder daheim in Omaha.«

Kitschig bis zum letzten, intrigierte er seinen Weg in die Villen von Bel Air, wo er am liebsten am Rand privater Schwimmbecken herumlungerte. Manchmal drängte er sich in die modischsten Parties, und sobald der Gastgeber die notorische Tunte bemerkte, öffnete sich ein weiteres Tor zum Ruhm. Große Stars fingen an, Notiz zu nehmen, auch wenn einige, wie Ann Margret, ihren Augen nicht trauen mochten und herausplatzten: »Was zum… wie widerlich!«

Divine war kein Transvestit, vielmehr ein Mann, der Frauenrollen spielte und der seine aufgedonnerte Ausstaffierung als Arbeitskluft betrachtete. Er war ein Antiheld des Hochkitschs, dessen augenzwinkernder Schönheitskult eine subversive Interpretation des ganzen Sexbombengetues darstellte. Im Grunde hielt er sich für einen ernsthaften Schauspieler, der, sofern es die Pflicht erforderte, auch bereit war, Hundekot zu essen, durch Schweinemist zu kriechen, sich Wimperntusche in die Adern zu spritzen und eine Festnahme zu riskieren – wegen seines Auftretens in den Filmen von John Waters.

VOM SCHUNDFILM ZUM KULTFILM: NEOKITSCH

Als die Vorstellung, daß man schlechten Geschmack auch genießen konnte, in den späten siebziger Jahren populär wurde, tauschten einige Cinéasten ihre

Bemühungen um Genre-Analysen, Strukturalismus und Autorentheorie gegen neue erogene Zonen der Kinematografie ein. Ein zunehmender Teil des Publikums empfand den Begriff des »guten Films« als langweilig und hatte seinen Spaß daran, sich Filme anzusehen, die so schlecht waren, daß beinahe unbegreiflich war, wie man sie je hatte drehen können.

1979 und 1980 veröffentlichten zwei amerikanische Brüder, Harry und Michael Medved, ein paar ungeheuer erfolgreiche Bücher, die sich mit Schund-Filmen befaßten – The Fifty Worst Movies of All Time (Die fünfzig schlechtesten Filme aller Zeiten) und The Golden Turkey Awards (Der Filmpreis der goldenen

Niete). Zahllose Filme, die bisher unbeachtet geblieben waren, weil sie bestimmte Standards der Regie, des Spiels, der Filmarchitektur, des Dialogs, der Kontinuität oder was immer nicht erreicht hatten, traten nun ins Rampenlicht. Aber auch große Hollywoodproduktionen waren nicht vor einer »goldenen Niete« sicher. So sprachen die Medveds Raquel Welch einen speziellen »Preis für ihre Lebensleistung« als schlechteste Schauspielerin aller Zeiten zu (irgendwie nachvollziehbar) und erklärten Richard Burton zum schlechtesten Schauspieler.

Viele Kinos fingen an, den Enthusiasmus für Nieten auszunützen, indem sie »so schlechte Filme, daß sie schon wieder gut sind« ins Programm nahmen. Im Skala-Kino der herabgekommenen Kings Cross Gegend von London und im St. Marks Kino in New Yorks nicht minder abgewirtschafteter Lower East Side, wurde oft um Eintrittskarten für die nächtelangen Vorführungen gestritten. 1984 wurde eine TV-Serie kreiert, die auf dem Buch der Medveds basierte, und der Kult des Schundfilms ergriff ein Massenpublikum. Seitdem wird das Miese ständig in zahlreichen Büchern und Fernsehserien gefeiert, wobei Jonathon Ross' »Unglaublich seltsame Filmshow«-Serie und Michael Wheldons unentbehrliches Magnum Opus, der Schundfilmführer Die Psychotronische Enzyklopädie des Films an erster Stelle stehen. Selbst das bis dahin sehr steife Britische Nationale Filmtheater zeigte eine Saison lang »Ramsch«-Filme, im Zusammenhang mit der, wie es hieß, »neuen und umfassenden Programmpolitik«. Ganz was neues – indeed.

Die Schundästhetik hat nicht nur ein eigenes loyales Publikum gewonnen, sie ist bis ins Herz Hollywoods vorgedrungen. Der Einfluß der alternativen Filmgeschichte zeigt sich in den Arbeiten einiger jüngerer Filmemacher, die führend

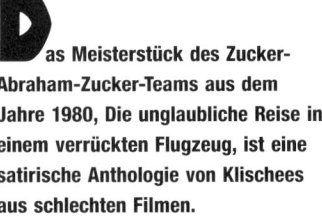

Das Meisterstück des Zucker-Abraham-Zucker-Teams aus dem Jahre 1980, Die unglaubliche Reise in einem verrückten Flugzeug, ist eine satirische Anthologie von Klischees aus schlechten Filmen.

im Bereich der Komödie sind. Das Zucker-Abrahams-Zucker-Team, dessen Airplane 1 und 2 (Die unglaubliche Reise in einem verrückten Flugzeug 1 und 2) und The Naked Gun (Die nackte Kanone) bereits komische Klassiker sind, ließ sich durch den gestelzten Dialog und die zusammengeklitterten Figuren und Handlungen der in den späten siebziger Jahren so populären Schund- und Katastrophenfilme inspirieren. Julian Temples Earth Girls are Easy (Erdenmädels sind nicht kompliziert) von 1988 beruht bereits auf einem grundsätzlich kitschigen Konzept. Musical, Science-fiction und schlampiges romantisches Genre verbinden sich darin zu einer sehr bewußt im B-Film-Stil präsentierten Mischung. Und wenn John Waters Cry Baby auch weit weniger extrem ist als seine Nicht-Hollywoodfilme, so wird doch die Ästhetik des schlechten Geschmacks in jedem Bild deutlich.

Bedeutet diese Umarmung des Kitschs den endgültigen Sieg für Hollywood oder seine definitive Niederlage? Wird es ihn rasch auslutschen, um ihn danach wegzuwerfen, oder handelt es sich um den letzten, verzweifelten Versuch einer ertrinkenden Industrie, sich an irgendeinen Strohhalm zu klammern? Einerseits hat sich Hollywood dadurch, daß es die Kitsch-Filme absorbierte, genau das einverleibt, was ausdrücklich gedacht war, um sich von ihm zu unterscheiden, wie eine Riesenfirma, die einen kleineren, aber störenden Rivalen verschluckt. Andererseits kann man darin auch das fatale Zugeständnis erkennen, daß die Werte und Standards, die im Hollywood-Film propagiert werden, allesamt rettungslos heuchlerisch waren und sein werden.

Es gibt noch einen dritten Blickwinkel. Vielleicht ist dies nur eine andere schlüpfrige Windung des schlangenartigen Wesens von Kitsch – eine neue kitschige Maske des schlechten Geschmacks, die schlechten Geschmack ausbeutet und von Leuten produziert wird, die so tun, als verfügten sie nicht über den guten Geschmack, es besser zu machen. Wo es in Wirklichkeit doch bloß darum geht, auf zynische Weise zum großen Geld zu kommen – was grundsätzlich für einen schlechten Geschmack spricht.

SCHOCK AROUND THE CLOCK

»Pop und schlechter Geschmack gehören zusammen wie Plattennadel und Rille«.

Die Musikindustrie beutet ihre Produkte und Märkte wahrscheinlich mehr aus als jede andere Branche der Unterhaltungsindustrie. In keiner anderen Industrie (außer vielleicht der Mode) wird so viel Energie in die Entdeckung, Erzeugung, Werbung und in den Verkauf neuer Trends und kurzlebiger Moden gesteckt, aber das Endergebnis all dieser menschlichen Bemühungen ist nicht mehr als ein Mistkübel ausgelutschter, ausgekotzter und halbverdauter Bilder und Klänge. Vielleicht sind der Musikindustrie schon vor Jahren die Ideen ausgegangen. Es gibt bestimmt einen Grund dafür, warum sich die gespenstischen Elemente der Popgeschichte so hartnäckig nicht zur Ruhe legen wollen, genau wie die Leichen im Horrorfilm. Die altmodische Kleidung und Haartracht halbvergessener Teenypop-Gruppen wie Dave Dee, Dozy, Beaky, Mick and Tich, The Rubettes, Flintlock, Buck's Fizz and Kenny sind traurigerweise nur eben das – halb vergessen. Sie füllen nach wie vor die Sonderangebotskästen der Plattenläden, wo sie wie Fliegenpapier und klassischer Kitsch gleichzeitig abstoßen und anziehen.

Die gespenstische Attraktivität solchen alten Kitschpops beruht darauf, daß gerade die Heftigkeit der Nostalgie, die die Musik in uns auslöst, uns heute dazu bringt, Platten zu mögen, die wir bei ihrem Erscheinen als Schund abtaten. Ich wette, daß die Hörer vieler »Goldenen-Oldies-Sender« Leute mittleren Alters sind, die Platten genießen, die sie seinerzeit als Ramsch verdammten, während sie ihnen heute teure Erinnerungen an ihre Jugendzeit wachrufen.

Popmusik ist grundsätzlich kitschig, weil sie völlig hohl und leicht verderblich ist. Man sehe sich nur das Selbstgefühl und den Narzismus an, die in den Posen jeder selbsterfundenen Popmusik-Persönlichkeit zutage treten. Vom falschen Futurismus von Gary Numann über das Macho-Rock-Gespreize von Leuten wie Ozzy Osbourne und Kiss bis hin zur aggressiv hochgeschraubten Sexualikonographie, die Madonna zur Zeit betreibt, das Bild des Rockstars ist oft wichtiger als seine Musik geworden.

Es ist eine Binsenwahrheit, daß in der Popmusik die Reklamemaschinerie viel entscheidender ist als jede echte Kreativität. In der kurzen Geschichte des Pop haben zum Erfolg fast eines jeden Liedes die Plattenschieber entscheidend beigetragen, und es erstaunt nicht weiter, daß die ganze Industrie von einer zynischen Unehrlichkeit durchdrungen ist. Das fängt mit der auf Verkaufsschwemme setzenden Methodik der Chefetagen der Plattenkartelle an, betrifft die Künstler- und

Einige Millionen Platten zu verkaufen, reicht den Megastars unserer Tage nicht mehr aus. Zusatzeinnahmen aus Nebenprodukten eines Popmusikers fallen auf der Einnahmenseite weit stärker ins Gewicht als Honorare aus allen Einspielungen und Liedkompositionen zusammengenommen. Darum ist es durchaus im Sinne der Künstler, wenn ihr eigenes Ebenbild auf jedem erdenklichen Krimskrams bis zum Gehtnichtmehr verramscht wird, angefangen bei Henkeltassen, Kissenbezügen, Puzzle, selbst harmlose Puppen werden nicht verschont.

Aufnahmeabteilungen genauso wie den Marketingbereich, während bei den kostbaren Künstlern und Klugschwätzern, deren verfügbares Einkommen die Plattenindustrie so fett macht, rücksichtslos abgesahnt wird. Ein gut Teil der Musik wird keineswegs durch die Musiker selbst erzeugt, sondern durch die Plattenfirmen und ihre Produzenten, die wissen oder zu wissen meinen, wie es um den Massengeschmack bestellt ist.

Von Zeit zu Zeit wird der Glaube der Musikindustrie an sich selber aufs demütigendste bloßgestellt, wie 1990 im Debakel um Milli Vanilli. Die Gruppe erhielt einen Emmy, den Oscar der Musikindustrie, erst zu- und dann, beschämenderweise, wieder aberkannt, als durchsickerte, daß die Gruppe keineswegs auf ihren eigenen Platten sang, von einer Beteiligung an der Komposition gar nicht zu reden. Als Musiker vermarktet, waren sie bloß gutaussehende Tänzer. Aber interessant ist dabei nicht das traurige Täuschungsmanöver, sondern die Tatsache, daß der Plattenfirma in den Augen ihrer Geschäftskollegen die Mischung so gut gelungen war, daß die Gruppe den Preis erhielt.

Popmogule meinen immer, was zähle, sei das Erscheinungsbild. Die Village People waren ursprünglich recht originell und überdurchschnittlich inspiriert. Doch ihr Versuch, mit einem neuromantischen Anstrich Anfang der achtziger Jahre mit der Zeit zu gehen, schlug gründlich fehl.

Doris Day (ganz oben) war der frühreife Beweis für die Dauerhaftigkeit des unbedarften, anforderungslosen Pop angesichts der gefährlichen Herausforderungen geistig höher entwickelter Musikformen: 1956, in der angeblichen Hochblüte des Rock 'n' Roll, landete sie ihren großen Hit »What Will Be, Will Be«. Die Carpenters (oben) blieben dieser Tradition die ganzen siebziger Jahre hindurch treu.

DIE STIMME SEINES HERRN: PHONOKITSCH

Obwohl Musik sicherlich schon geklaut wird, seit jemand zum ersten Mal eine sangbare Melodie komponiert hat, führte erst die Erfindung des Plattenspielers oder Phonographen, wie er seinerzeit genannt wurde, durch Thomas Edison im Jahre 1877 zum Verfall aller Spielregeln und beispiellosen Formen der Ausbeutung von geistigem Eigentum. In den nächsten fünfzig Jahren wurden alle möglichen Musiken in Millionen von Wachszylindern und flachen Scheiben gekratzt und gepreßt – 1928 schätzte man die Zahl der Plattenspieler allein in England auf mehr als 2,5 Millionen und auf entsprechend mehr in den USA.

Die Industrie wuchs ständig und sollte noch mehr wachsen, als die Umsatzmöglichkeiten für die Tonreproduktion durch die Einführung des Rundfunks dramatisch zunahmen. Anfangs, in der ersten Jahrhunderthälfte, wurde die Musikindustrie von professionellen Liederkomponisten in Gang gehalten. Bevor die Liederkomponisten Anteile an verkauften Platten und Sendungen erhielten, verdienten sie und die Musikverleger ihr Geld mit Notenverkäufen. Um sie unters Publikum zu bringen, wurden professionelle »Verscherbler« ausgeschickt, die berühmte Stars dazu bringen sollten, die Lieder zu singen, und die Warenhausverkäufer dazu, sie zu empfehlen. Wer mitmachte, wurde natürlich entschädigt, zunächst mit Drinks, Essenseinladungen und Geschenken. 1892 bezahlte der Komponist Charles K. Harris einen gewissen J. Aldrich Libby dafür, daß er »After the Ball « (Nach dem Ball) – das allgemein als erstes »Pop«-Lied gilt – in sein Musical A Trip to Chinatown (Ein Ausflug nach Chinatown) einbaute. Der große Hit von 1923, »Yes, We have No Bananas« (Wir haben keine Bananen), kam durch die Zusammenarbeit vieler Leute im Musikgeschäft zustande – er wurde unablässig »verscherbelt« und angepriesen, bis er endlich zum Hit geworden war. Die Musikverleger ließen auch ein Lied von mehreren Künstlern aufnehmen, denn je mehr Versionen gespielt wurden, desto häufiger wurde das Noten kaufende Publikums durch das Lied angemacht.

Das schamlose Bemühen, den Erfolg einer Platte durch verdeckte Bestechung zu manipulieren, wurde immer mehr verfeinert, als die Musikreproduktion technische Fortschritte machte. Disc-Jockeys, so genannt, weil sie bestimmte Platten die Hitlisten hinauf-»ritten«, wurden bedroht oder bestochen, um bestimmte Nummern endlos zu wiederholen, bis das Publikum die Platten kaufte, weil es hoffte, sich die elende Nummer wenigstens dadurch aus dem Sinn zu schlagen.

Nicht einmal Hollywood hat ein so angeschlagenes Bild wie die Musikindustrie. Blitzsauber ist sie jedenfalls nicht. Ohne das Tun der letzten Rockstars auch nur in Betracht zu ziehen, braucht man nur an die vielen Bestechungsskandale der Vergangenheit zu denken, die 1960 in der Verurteilung von Amerikas populärstem und einflußreichstem Disc-Jockey, Alan Freed, gipfelten, weil er mehr als 30000 Dollar akzeptiert hatte.

Aber genau wie Hollywood tritt das Produkt selber meistens mit einem Heiligenschein auf, und deswegen ist die Musikindustrie durch und durch kitschig.

Die Bay City Rollers waren ganz Mache: ihr Name sollte auf Californien hindeuten, aber die Gruppe aus Edinburgh hielt sogar Glasgow für ausländisches Gebiet. Die Kritiker bemängelten weniger, daß sie nicht auf ihren eigenen Platten singen konnten, als daß sie im Fernsehen keine anständige Lippensynchronizität zustande brachten. Vielleicht hing ihre Anziehungskraft mit einer gerissen ausgenutzten, stets vorhandenen Schwäche des Publikums für schottische Karos zusammen, oder die Leute hatten aufgegeben, sich die Platten, die sie kauften, anzuhören, denn eine Reihe von Um-Ta-Tah-Liedlein machte die Gruppe in den Siebzigern zum größten Popphänomen, das England seit den Beatles gesehen hatte.

Während man mit ein paar gezielten Schwarzgeldzahlungen gigantische Summen verdient, spiegelt sich in den betreffenden Liedern eine heile und einfache Welt, wo es zu Weihnachten immer schneit, der Mond stets voll ist und das größte Verbrechen der Welt darin besteht, die Freundin zu betrügen. Nichts verkauft sich so gut wie Unschuld, versehen mit einem anständigen Schuß Gefühl.

Die Vorstellung, all das sei vergangen und abgetan, ist natürlich verlockend. Es kann durchaus sein, daß die Plattenindustrie etwas tat, um nach dem Alan-Freed-Prozeß (wo ein einzelner zum Sündenbock für eine im ganzen Land verbreitete Praxis gemacht wurde) den Einsatz von Bestechungsgeldern zurückzu-

69

schrauben, aber der Verdacht, daß mehr als eine Platte dadurch zum Hit wurde, daß gerade in den Plattenläden, die für die Hitlisten maßgebend sind, durch einen glücklichen Zufall so viel Exemplare gekauft wurden, bleibt bestehen. Auch wenn wir derartige Theorien als Hirngeburten eifersüchtiger und kleinlicher Individuen abtun, steht die Musikindustrie, was Prozeßhanselei angeht, jedenfalls an allererster Stelle. Da verklagt ein geschädigter Sänger seinen Ex-Manager wegen verschwundener Einkünfte, ziehen sich die ganz großen Nummern gegenseitig vor den Kadi, um einander Angst einzujagen, oder sie lassen einen Außenseiter hopsgehen, der dumm genug war, ihre Pfade zu kreuzen. Doch selbst heute, in der Post-Punkzeit, sind die Worte und Melodien der allermeisten Platten nach wie vor so seidenglatt und unverdorben wie ein Kaugummi im Päckchen.

KITSCHY-TEENY-BOPPER-BINI

Verwirrung, Verfolgungswahn, Unsicherheit und Fanatismus in allem, was das Outfit betrifft, zählen zu den Besonderheiten des Musikbusinessgeschäfts. Das sind auch die Eigenheiten der Stammkunden der letzten vierzig Jahre in diesem Geschäft, der Jugendlichen.

Irgendwo in den frühen Fünfzigern, als man die ersten Markterhebungen am neuen Teenagermarkt durchführte, müssen die großen Herren der Musikindustrie bemerkt haben, daß diese Teenager gerne Kaugummi kauten. Daraufhin überschwemmten sie den Markt mit einer Musik, die so süß und klebrig war, daß man sich, hatte man sie einmal in den Haaren, teuflisch abmühen mußte, um das Zeugs wieder loszuwerden.

Trotz des Erscheinens von Rock 'n' Roll um 1955 hatten viele Hits der späten Fünfziger weniger mit schwenkenden Hüften und Swingen zu tun als mit Kitsch in Reinkultur. Zum Beispiel war »The Purple People Eater« von Sheb Wooley (der in der Fernsehserie Rawhide Pete Nolan spielte) 1958 fünf Wochen lang die Nummer eins, worauf die italienischen Klänge von »Volare« folgten. Rock 'n' Roll bot den Teenagern eine ganz andere Art Musik, aber bald hatte die Musikindustrie ihn gezähmt, ihn weicher, weniger rebellisch gemacht.

In ihren frühen Tagen richtete sich die Teenybop-Musik ähnlich opportunistisch auf ein bestimmtes Zielpublikum hin aus wie der Ausbeutungsfilm, wobei es zunächst nur um einen schnellen Dollar ging – und das hieß, daß sie ihre Energien auf die schnell veränderlichen Themen der Zeit richtete: Jugendkriminalität, Strand, Spaß und, gespenstischerweise, Tod. Vor allem letzterer gab Anlaß zu einer ganzen Reihe von Songs, die heutzutage als wunderbar schwarze Komödie geschätzt werden. In den frühen Sechzigern kam es zu einem Miniboom von scheinbar ernst gemeinten musikalischen Oden an die teuren Verstorbenen. Das fängt mit einer einfacher Widmung an die Toten an, wie »Ebony Eyes« von den Everly Brothers, über Mitteilungen ins Jenseits (»Tell Laura I love Her«, Sagt Laura, daß ich sie liebe, 1960 von Ray Peterson gesungen, und »Terry«, 1964 von Twinkle aufgenommen) bis zu lebhaften Beschreibungen bestimmter Dahingegangener »The Leader of the Pack« (Der Anführer der Clique) von den Shangri-

Die Nation vergoß 1964 kübelweise Tränen, als Twinkle ihren Freund Terry besang, der bei einem Motorradunfall draufgegangen war.

La's und »Dead Mans Curve« (Kurve des toten Mannes) von Jan und Dean, beides Lieder von 1964. Bloodrocks »D.O.A. (Dead On Arrival)« (Bei der Ankunft tot) von 1969 gehört in eine Klasse für sich und muß wirklich gehört werden, damit man es glaubt, denn es ist die in Ich-Form erzählte Geschichte eines Unfallopfers, das im Krankenwagen rasch dahinschwindet, während es der Krankenwagen vergeblich bis zum Spital schafft. Der Tod führt oft zu Kitsch in seiner extremsten Form – ein kritischer Spaziergang zwischen Grabsteinen auf einem Friedhof oder die Lektüre des Tods der kleinen Nell in Der alte Kuriositätenladen werden das bestätigen –, und die Lieder suhlen sich förmlich in ihrer eigenen Geschmacklosigkeit.

Für den Teenybopper gibt es keinen Kitsch, denn die Wahrnehmung von Kitsch ist eine hochentwickelte Reaktion, die sich nicht instinktiv ergibt. Aber wenn die Geschmacksnerven reifen, wird uns der Geschmack unseres jüngeren, weniger entwickelten Ichs oft peinlich. Die naiven ehemaligen Daseinsformen werden als ganz andere Wesen abgelehnt – die Besitztümer der Jugend werden vergessen oder in einer rituellen Exorzierung der Jugend verbrannt. Doch die Skelette sind leider nicht biologisch abbaubar, und die Gespenster unserer Jugend werden nie aufhören, bei uns zu spuken.

Wenn wir auf den betreffenden Abschnitt unseres Lebens zurückblicken, können wir all den schlechten Geschmack erkennen, den wir wohl besessen haben. Ein Mitdreißiger mit zunehmender Glatze mag zusammenzucken, wenn er sich in den Rüschen, Bindern und Stirnfransen der neuromantischen frühen Achtziger sieht. Aber solche geschmackssicheren Erwachsenen werden bei Parties ganz anders reagieren. Sie werden zu den Kitschklassikern ihrer Kindheit tanzen (und, auf sehr betrunkene und lärmige Weise, auch singen). Es ist bekannt, daß ganz erwachsene Füße, je nach Alter, schon bei Melodien wie »Itsy Bity Teeny Weeny Yellow Polkadotbikini« von Brian Hyland, »Puppy Love« von Donny Osmond, »Love me, Love My Dog« von Peter Shelley und bei irgendwelchen Nummern der Bay City Rollers, David Essex, T-Rex oder der Wombles zu zucken angefangen haben. In späteren Jahren werden die gegenwärtigen Fans der Bros, der New Kids on the Block und Jason Donovans ähnliche Erfahrungen machen.

VOR NACHAHMUNGEN WIRD GEWARNT

Zum Glück haben uns die ganz Großen vor einer endlosen Diät von Schundmusik bewahrt. Der frühe Elvis Presley, Bob Dylan, die Beatles, die Rolling Stones, die Who und Greatful Dead haben uns Musik geschenkt, die wir völlig gefahrlos anhören können, oder? Doch selbst die Karrieren dieser heiliggesprochenen Größen weisen ihre Ausrutscher ins Peinliche auf. Man mag die Beatles für das Beste halten, was in der Musik seit Mozart passiert ist, aber hat man denn Paul McCartneys süßliche und kränkliche Fassung von »Mary had a Little Lamb« verdrängt? Und was den King angeht, wie steht es mit seiner Beherrschung der Muttersprache der Herrenrasse in »Wooden Heart« (Muß I denn zum Städtele hinaus…)? Die Produkte anderer seien hier nicht genannt, da ihre Fans als gewalttätig gelten.

Die Musikindustrie wollte natürlich, daß der Erfolg der echten Rockphänomene sich ewig wiederhole, und versuchte mit charakteristischem Mangel an Einbildungskraft, die Formeln zu repetieren. Indem sie glattweg ignorierte, daß diese Stars ihren eigenen Stil geschaffen hatten, verwandelte sich die Musikindustrie in einen wahnsinnigen Wissenschaftler und bemühte sich, eigene Gruppen und Sänger nach deren Bilde zu schaffen. Chemiefirmen machten dasselbe mit ihren feinschäumenden Waschpulvern – wieso nicht die musikalischen Schaumschläger? Doch was sie erzeugten, waren nur Blasen und Oberflächenschaum, ohne die tiefe Reinigungskraft.

Sobald die Jagd nach einem anderen Elvis abgeblasen war, ging man nach neuen Beatles auf die Pirsch. Deren phänomenaler Erfolg und ihr nicht ganz so phänomenaler überdrehter Humor inspirierten die Fernsehabteilung von Columbia Pictures, Screen Gems, Schauspieler und Musiker für die Rollen einer verrückten Popgruppe in einer Fernsehserie vorsprechen zu lassen, die sich am schrägen Stil der Beatles-Filme A Hard Day's Night und Help orientierte. Von den Beleuchtungsstegen schwangen sich die Monkees (die »Äffchen«) nieder, die von den Filmemachern Bert Schneider und Bob Rafelson »gemacht« worden waren. Nicht ihrer Musik haben sie ihren Platz im Pantheon des Kitsch zu verdanken – die ist von einigen der erfolgreichsten Liederkomponisten wie Neil Sedaka und Neil Diamond und meist ziemlich gut, auch wenn ihr eine gewisse Spontanität abgeht. Daß sie hier Erwähnung finden, geht auf Konto ihres eigentlichen Mediums, des Fernsehprogramms, für das sie geschaffen wurden. Die kleinen Situationskomödien sind nur deswegen komisch, weil sie so gestelzt sind. Die Musik kam stets an zweiter Stelle.

Ihr Dauerbrenner bestand Woche für Woche darin, daß sie irgendein ungeheuer banales oder ganz ausgefallenes Problem zu lösen hatten, das sich aus der Mitgliedschaft in einer Popgruppe ergab. In einer Episode zum Beispiel waren ihre Instrumente von einem Flaschengeist gestohlen worden, der, wie anders, aus einem alten Topf aufgestiegen war, den einer der liebenswerten Zottelköpfe hatte mitgehen lassen. Liegt auf der Hand. Ihre Fernsehshow hat nach wie vor einen festen Platz in den »so mies, daß es schon wieder gut ist«-Spätabend-Programmen der ganzen Welt.

Mit wenigen Ausnahmen braucht es für große Musiknummern Sänger und Musiker, die sich auf ganz natürliche Weise ergänzen und fordern, und darauf baut ihr Talent auf. Versucht ein irregeleiteter Plattenfirmendirektor diese magischen Eigenschaften künstlich zu erzeugen, entstehen billige und wenig überzeugende Imitate der Originale. Billy Fury, Marty Wilde, Reg Presley (und die Troggs), P. J. Proby und der gute alte Cliff Richard waren alle Elvis-Presley-Imitate, die, trotz aller Hits und ihrer beträchtlichen Anhängerschaften, nie ganz stimmten: ihr Schmollen war zu betont, und ihre Hüften wollten einfach nicht auf die gleiche gesetzwidrige Weise hin- und herschwingen wie die des Kings. Reg Presley und P. J. Proby legten viel zuviel Gewicht auf zündenden Sex-Appeal und wirkten entsprechend wie abstoßende und wilde Möchtegern-Vergewaltiger. In

Die Beatlemania führte zu zahllosen Trittbrettfahrern, von musikalischer Imitation bis zu Abertausenden Formen der Vermarktung. Eine Zeitlang galt es als keineswegs besonders ausgefallen, Paul und Ringo am Hintern zu tragen. Wenn Sie je wissen wollen, wie Elvis heute aussehen würde, schauen Sie sich Cliff Richard (unten) an, der einst als englische Antwort auf den King angetreten war.

Probys Fall lief das darauf hinaus, daß er sich bei jeder (Foto) Gelegenheit den Hosenboden von den zu engen Hosen riß. Cliff andererseits verzichtete bald auf die Windungen und konzentrierte sich auf Elvis jungenhafte Seite, war aber zu nett und eine zu unerhebliche sexuelle Herausforderung für die Horden von Teenagerinnen, die mal richtig schreien wollten. Wenigstens war bei diesen Jungs mit den Haaren alles in Ordnung; Marty Wilde war froh, daß er überhaupt noch eine Schmachtlocke zustande brachte, da er bereits mit 13 Haare zu verlieren anfing. Die größte Elvis-Travestie blieb dem King selber vorbehalten. Seine spätere, grotesk übergewichtige Gestalt scheint aus heutiger Sicht eine der traurigsten und

Wären da nicht die Geschichten aus seinem Privatleben, könnte man glauben, daß der späte Presley die Popstarwelt absichtlich und intensiv auf die Schippe nehmen wollte. Das teuer zahlende Publikum liebte ihn jedoch wie er war, unter dem fehlgeleiteten Eindruck, sie sähen nun den richtigen Elvis.

FHI

Könige des Kitschs und eine gekrönte Tunte. Sexy (Engelbert Humperdinck, oben), sentimental (Barry Manilow, ganz oben) und sensationell (Liberace, rechts) oder einfach vorlaut, glatt und unvorstellbar, eines muß man den Unterhaltern lassen: sie haben Quintillionen von Platten und Eintrittskarten verkauft – und einige Friseure sehr reich gemacht.

extremsten Formen von Popkitsch überhaupt. Der dicke Elvis, der auf einer Bühne in Las Vegas daherwatschelte, dem in seinen geliebten allzuengen weißen Einteilern mit Talmi-Schmuck und ausgestellten Hosenbeinen der Schweiß heruntertroff, hatte sein ganzes Charisma und seinen Sex-Appeal dahingegeben, um sich gehenzulassen, sich mit Cheesburgern und geisttötenden Cocktails von Drogen und harter Pornographie vollstopfen zu dürfen. Was blieb, war ein Wesen, das aussah wie ein grotesk verzerrtes Jugendfoto, und sich anhörte wie eine zu langsam abgespielte Version der berühmten Stimme. Das Bild hat seine komische Seite und wird zur Zeit sehr erfolgreich von einem Mann, der sich Tort Elvis nennt, ausgebeutet – ganz swingende übergewichtige Hüften und hochgetürmte Schmachtlocke. Tort ist nicht nur ein sehr komischer Imitator, sondern auch der Lead-Sänger der amerikanischen komischen Rock-Kabarett-Nummer Dread (»Gräßlicher«) Zeppelin.

DIE HEISSEN MELODIEN DER MUTTIS UND VATIS

Scheußliche Popmusik wird nicht nur für Teenager erzeugt – ein gut Teil der Durchschnittsmusik, die die eigenen Eltern oder die aussterbende Spezies namens Hausfrau erwerben, ist eine wahre Fundgrube für Kitsch. Familienunterhalter wie Barry Manilow, Val Doonican und Engelbert Humperdinck haben eine Ausstrahlung, die musikalisch der eines Tretchikoff-Bildes entspricht.

Mit ihrem vernünftigen, bequemen Kleidungsstil und ihrem strahlenden Showbiz-Lächeln scheinen solche Künstler mit der modischen Welt der Hitparaden auch nicht das geringste zu tun zu haben. Und gerade daß sie so altmodisch sind, macht sie dem Kitschanhänger so teuer. Der Geschmack von Mami und Papi ist stets eine gute Quelle des Amüsements, selbst wenn es sich dabei um Rock-Großväter wie die Stones handelt. Aber viel besser noch, wenn die Lieblingskünstler Leute wie Max Bygraves und Conway Twitty sind, deren lang verblühtes, mittelmäßiges Talent mit Swing nie etwas zu tun hatte. Und wenn man gar am staubigen Ende der Plattensammlung Die schönsten Country- und Western-Jodler, Die größten Hits von Gene Autrey, dem singenden Cowboy, und Liberace findet – dann, ja dann kann man wahrhaftig die Englein singen hören.

MIT KONZERTFLÜGELN IN DEN HIMMEL – LIBERACE

Liberace nimmt in der Kitschlegende denselben hohen Rang ein wie Jayne Mansfield. Wie bei Jayne war sein Ruhm weit größer als sein Talent – wenn man darunter Singen, Komponieren und Spielen versteht. Doch lag seine wahre Begabung gar nicht auf diesem Gebiet; er war vielmehr ein echtes Genie der Extravaganz und der Publicity, das heißt, er bleibt vor allem als funkelnder, tuntenhafter Showmann in Erinnerung.

Liberace besaß bei der letzten Bestandsaufnahme acht Häuser, einige davon in der Nähe der glitzernden Casinos von Las Vegas, wo er am häufigsten auftrat. Jedes einzelne Heim war mit allen möglichen Schätzen und Wonnen vollgestopft – einer eigentümlichen Mischung von Antiquität und Ramsch, alles persönlich

ausgesucht. Er war ein unverbesserlicher Sammler – Blattgold, Kristall und Kerzenleuchter fanden sich in jedem einzelnen Zimmer jedes Hauses. Große, barocke Kerzenleuchter fügten ihren schwachen Schein zu den gleißenden Bogenlampen, die seine Konzerte beleuchteten. Liberaces Flügel war stets damit versehen, eine Ikone, die berühmter wurde als sein Spiel.

Liberace war alles andere als ein geheimnisvoller, menschenscheuer Superstar. Seine Häuser glichen Ausstellungshallen und standen nur hinter Disneyland zurück. Einmal, zu Weihnachten, war ein ganzes Haus mit riesigen Dekorationen geschmückt, aus kräftigen Lautsprechern erklang Musik, und Liberaces wünschte den Passanten schallend ein frohes Fest. Derartige Einfälle machten sein Haus zu einer bedeutenden Attraktion, und fast zu jeder Tag- und Nachtzeit bedrängten ihn Besucher. Obwohl stets wie im Glashaus lebend, stellte er vor aller Welt seinen Geschmack und seinen Reichtum mit Genuß zur Schau. Sein Paradieren empfand er als »teilen«, sein Glück war ihm von anderen Leuten geschenkt worden, nun gab er ihnen aus Dankbarkeit ein bißchen davon zurück.

Ob man nun sein »Teilungsethos« für wahre Philantropie oder für Bockmist hält, er wurde tatsächlich zur Legende. Wie Jayne Mansfield für das rosa Flauschherz, entschied er sich für den Konzertflügel. Sein Heim in Los Angeles (eine weitere Villa, nahe beim Sunsetboulevard, die vorher dem Stummfilmstar Rudy Vallee gehört hatte) stand ganz im Zeichen des Konzertflügels. Konzertflügelmotive schmückten Möbel, Tapeten, Teppiche, einfach alles, bis hin zu den Lichtschaltern. Er besaß auch einen konzertflügelförmigen Swimmingpool, den er einem Swimmingpoolbauer erfolgreich als Gratismuster abgeschwatzt hatte, mit der Begründung, er würde von der zwangsläufigen Publicity bestimmt profitieren. Seine Obsessionen hörten bei den Tasten nicht auf: so ließ er das ganze Wiesengrün seines Gartens abtragen und durch Kunstrasen ersetzen, und, sein wohl bizarrster Einfall, er ließ unter den hohen Koniferen, die seinen Swimmingpool umgaben, versteckte Heizkörper einbauen, damit die Außenatmosphäre ganzjährig auf mindestens 70° Fahrenheit (etwas über 21 °C) aufgeheizt werden konnte! Und um entsprechend seinem Titel als König des Kitschs dem Ganzen die Krone aufzusetzen, war er der stolze Besitzer eines Rolls Royce, den er in die Farben Rot, Weiß und Blau hatte umspritzen lassen, ein eindeutiger Anfall von Patriotismus.

ALLES POP, ALLES NEU

Das Genre der komischen Musik kann für sich groteske Mutationen in Anspruch nehmen – auch wenn das Genre an sich schon ein Kitschpandämonium ist. »Novelty«-Platten scheinen mit der eindeutigen Absicht hergestellt, den Leuten möglichst auf die Nerven zu gehen und das plattenkaufende Publikum als Geisel zu nehmen. Manchmal scheint man es darauf abgesehen zu haben, eine derartige Platte im Radio, in den Läden und im Fernsehen gnadenlos so lange zu spielen, bis auch das letzte verfügbare Exemplar verkauft ist.

Pop schreit nach Satire, aber wenn jemand versucht, Komödie mit Pop zu verbinden, erhält man statt witziger Kritik nur einen gemütlichen Humor, der sich ständig selber auf die Schulter klopft und im Grunde die falsche Sentimentalität und billige Musik des Pop verstärkt. Jede Platte von Musikclowns wie Freddie und den Dreamers, der Barron Knights oder von Weird Al Yancowicz dem »Schrägen« schafft es unter die 100 Kitschbesten, weil sie sich so offensichtlich abmühen, dem Zuhörer einen Rippenstoß zu versetzen, daß der einzige Humor, den sie erzeugen, aus dem Spaß besteht, Leuten zuzuhören, die sich auch nicht ein kleines bißchen schämen.

An Freddie und die Dreamers denken die meisten Leuten als eine Art Beatles für Vierjährige zurück, wobei Freddie einfach nie aufgab, uns mit seiner bebrillten, dümmlichen Bühnenpersönlichkeit und seinem Känguruh-Hüpfen zu unterhalten. Die Barron Knights und Weird Al Yancowicz hatten mit Parodien zeitgenössischer großer Hits Erfolge, aber sie veränderten die Worte, so daß sie, nun ja, lustig klangen. Yancowiczs größter Schlager war ein Neuaufguß von Michael Jacksons »Beat It«, das er zur Geschichte eines Vielfraßes mit dem Titel »Eat it« (Iß nur) umgearbeitet hatte »noch ein bißchen Joghurt, noch ein bißchen Kuchen, alles da, genier dich nicht, iß nur, iß nur«. Was sich im Original reimt.

Die meisten Kitschkenner sind bereit, dergleichen bestenfalls mitleidig achselzuckend hinzunehmen, während ihnen absichtlich schlechte Platten, die Komiker in einem unbestimmten Popidiom schufen, sehr ans Herz gewachsen sind.

Freddie von Freddie und den Dreamers ist nur ein Nachweis von vielen, daß Popmusik-Komik fast so lustig ist, wie gebrochene Popherzen tragisch sein können.

Besonders beliebt ist der empörend sexistische Benny Hill. Der Text seines Riesenhits von 1971 »Ernie« (Der schnellste Milchmann im Westen) beschreibt aufs dämlichste den heißentbrannten Kampf, den Ernie, der namensstiftende Milchmann, mit seinem Gegner, Doppelmoppel Ted, einem übergewichtigen Bäcker aus Teddington, Middlesex, um die Gunst einer gemeinsamen Kundin führt. Soziologen haben schon darüber nachgegrübelt, was an den schwachen Sprüchen und plumpen Anspielungen dran sein könnte, das Millionen Leute zum Erwerb der Platte trieb; heute wird sie von einigen Sammlern geradezu als Kitschklassiker betrachtet. Diese Leute sammeln auch andere irritierend schlechte Platten von Komikern der sechziger Jahre, wie Charlie Drakes »Mein Bumerang kehrt nicht zurück«, »Kinky Boots« (Perverse Stiefel) von Honor Blackman und Patrick Mac-Nee (dem Star von »Mit Schirm, Scharm und Melone«) und Peter Sellers bewußt schmierenkomödiantenhafte Sprechversion des Beatles Klassikers »A Hard Day's Night« von 1965.

MUSIKSTARS OHNE STIMME

Platten von Fußballmannschaften oder anderen Sportpersönlichkeiten wollen, wie allgemein akzeptiert, gar nicht erst Musik sein, sondern normalerweise kaum mehr als plumpes Tribünengegröle für die Fans. Leider gibt es auch die merkwürdige Ausnahmeerscheinung, daß solche Athleten ernsthaft singen und eine »richtige« Platte herstellen wollen. Der Liverpooler Fußballstar der Siebziger, Kevin Keegan, brachte 1979 (mit der Band Smokie) seine Version von »Head Over Heels in Love« in England unter die ersten Dreißig, was aber mehr mit der blinden (oder tauben) Loyalität seiner Fans zu tun hatte als mit den peinlichen musikalischen Mängeln des Produkts. Die meisten Fußballlieder sind sinnvollerweise trinkliedhafte, krakelende Nummern; so Paul »Gazza« Gascoignes Neuauflage des Heimatschlagers »Fog on the Tyne« (1990) und das »Rap Theme« der amerikanischen »Football«-Mannschaft Chicago Bears für die Superbowl (ihre Landesmeisterschaft), worin »der Eisschrank«, ihr legendärer, kolossaler Verteidiger, besonders groß herauskam.

Das Kitschvergnügen, jemandem dabei zuzusehen, wie er eine Popplatte an den Mann zu bringen sucht, während er innerlich ganz unmißverständlich und offensichtlich alles andere lieber tun würde, kann man nicht nur bei Sportlern genießen. Auch andere Berühmtheiten haben sich bereitwillig in die unangenehme Lage bringen lassen – am häufigsten Popstars, die ein Comeback zuviel versuchten, aber auch TV-Serien-Stars wie Richard Chamberlain, der Worte zum Thema des ständig fliehenden Dr. Kildare (»Auf der Flucht«, 1960) sang, oder Telly (Kojak) Savalas mit »If« (1975). Clint Eastwood, der Mann ohne Namen, wurde zum Mann ohne Gehör, als er für das Western Musical Paint Your Wagon von 1970 das Lied »I sing to the Trees« (Ich singe für die Bäume) beisteuerte. Man muß gesehen, nicht nur gehört haben, wie er nachdenklich sinnend auf ganz untypisch linkische Weise ausgerechnet die Bäume einer Waldlichtung anschmachtete (wahrscheinlich das einzige passende Publikum).

FLITTER & GLITZER: GOLDENE JAHRE DES GLAMOUR ROCK

In den frühen siebziger Jahren trieb es die Popmusik ins Extreme. Man hatte nur die Wahl zwischen der angeblich antikommerziellen »progressiven« Musik, die Künstler wie die Pink Floyd, die Doors und Jimmy Hendrix hatten durchsetzen helfen, oder dem Kaugummipop, der, soweit möglich, noch hirnloser war als sonst. Es stand so schlecht um die Popszene, daß einer der größten Hits von 1971 der Schlager »Chirpy Chirpy Cheep Cheep« der Middle of the Road war, der die Geschichte eines verwaisten Kükens erzählte, das nun zum ersten Mal alleine mit den Problemen der Welt fertig zu werden hatte. Und wem das zu anspruchsvoll war, dem stand noch die Musik, die die Eltern mochten, zur Verfügung, von Leuten wie Peters and Lee, Mrs. Mills und Frankie Vaughan. Oder schlimmer noch – 1972 tauchten die Osmonds auf, und weder sie noch der öffentliche Geschmack schienen jahrelang erwachsen werden zu wollen. Dazwischen gab es nichts: die Beatles waren vorbei, Elvis dick geworden, Dylan beschäftigte sich mit Drogen und Esoterik, und die meisten der aufregenden Gruppen aus den sechziger Jahren wurden durch neue Formationen mit endlosen Nummern verdrängt, die man absitzen und durchhören mußte – wie Led

Das goldene Zeitalter des Glitters (Gary Glitter hieß der Strahlemann links, um ganz genau zu sein).

Zeppelin, Yes und Fleetwood Mac. Eine Zeitlang schien Pop aus und vorbei. Bis sie den Flitter entdeckten.

Nach den Exzessen der Sechziger erschien Flitter seinerzeit nicht besonders bemerkenswert, aber tatsächlich fanden in der Popwelt radikale Veränderungen statt, die der ganzen westlichen Welt eine neue Körpersprache aufzwangen – sofern man nicht über die weiten Hosenbeine stolpern wollte. »Glamour«, der blendende, strahlende Glanz, der elegante Schimmer, wurde zur beherrschenden Kraft. Die Menschen experimentierten auf intensiv hedonistische Weise mit Kleidern, Musik, Geschlechtern und Drogen. Es galt als Gipfel der Eleganz, dem anderen Geschlecht so ähnlich wie möglich zu sehen, von Kopf bis Fuß in schimmernde, funkelnde Materialien wie Satin, Samt und Pailletten gehüllt zu sein, während man eine Platte der New York Dolls unter dem Arm trug und die eigene Bisexualität eingestand. Parties lagen in der Luft, auch wenn nie ganz sicher war, welchen Geschlechts die Person war, mit der man das Fest verließ.

Die zugehörige Musik wurde als Glam-Rock oder Glitzer-Rock bekannt. Im Grunde war das der Rock 'n' Roll der fünfziger Jahre mit einem kleinen Schuß Keßheit aus den goldenen Zwanzigern. Glam-Rock war laut und rhythmisch schlicht. Aber nicht so sehr die Töne sind für die Geschichte des Kitschs wichtig, sondern das Erscheinungsbild derer, die sie erzeugten. Sänger und Gruppen der ersten Hälfte der Siebziger kamen überlebensgroß daher – Hemden mußten große, normalerweise gerundete Kragen haben, Haare waren lang oder toupiert, stachelartig zusammengedreht und oft in lebhaften Orangetönen oder Jettschwarz oder blau gefärbt. Hosen waren eng und hüfthoch und umflatterten ausgiebig die Knöchel, und Schuhe waren mit hochgeschichteten Plattformsohlen versehen. Der bleiche Teint von Nachtschwärmern – von Männern und Frauen – wurde durch leuchtende Make-up-Töne belebt. Selbst gewöhnliche Leute zogen sich an, als ob sie bei jeder sich bietenden Gelegenheit eine wilde, hochklassige Kostümparty besuchen würden, sogar fürs Büro. Es war eine schimmernde, glitzernde Zeit; exotische und auffallende Textilien wie durchsichtiger Chiffon, Lurex, Musselin und PCV wurden bevorzugt. Popstars mit immer höheren Plattformschuhen und immer längeren Textilfahnen um die Beine gaben den Ton an, und das Publikum zog mit.

Verglichen mit der von Designern geprägten Vorstellungswelt von heute, könnte das vieldeutige und gewagte Glam-Rock-Zeitalter gar nicht gegensätzlicher sein. Ein damaliger Witz wollte wissen, daß der Sänger einer Gruppe mit gebrochenem Bein in Spital lag, weil er von seinen Schuhen gefallen war. Ein heutiger Witz bestünde darin, die Lackstiefel, die man als Teenager trug, auszugraben und sie in einer Glasvitrine im Wohnzimmer zur Schau zu stellen oder, besser noch, sie das nächste Mal anzuziehen, wenn Gäste zur gepflegten Dinnerparty kommen. Um das Ganze abzurunden, wieso nicht noch eine Platte der Bay City Rollers auflegen?

Glam-Rock war ganz einfach Pop, an dem man Spaß haben sollte, im Gegensatz zur gewichtigen Ernsthaftigkeit der vollgekifften Supergruppen, bei denen

Der heutige Kitschsammler interessiert sich für Popmusiker, die den extremen Strömungen ihrer Zeit folgen. Die gewiefteren, wie Marc Bolan oder David Bowie (oben), blieben ihrer Zeit voraus, wobei Bowie vernünftigerweise 1973 mit seiner Ziggy-Stardust-Rolle Schluß machte, obwohl die Fans nach mehr schrien. Bolan, der tatsächlich zu Tode kam, ging vielleicht etwas zu weit.

man nicht mal mehr mit den Fingern schnipsen konnte. Aber für die durch die Stilrevolution geschärften Augen der Nach-Neunziger sind Gruppen wie Wizzard, Mud, Alice Cooper und die Sweet, die ohne jedes Gefühl, was sie da eigentlich treiben, auf ihre glitzernden Tanzsäle und hopsenden Tigerpfoten abfahren, derart ungeschlacht, unbeholfen und sensationell unattraktiv, daß sie schon wieder komisch wirken. Nicht daß die Musik Spaß machen sollte, ist der Haken, sondern ihre rhythmische und melodische Plumpheit, verbunden mit einer betonten »na, haben wir's aber lustig«-Haltung.

Je tiefer man auf der Erfolgsleiter herabsteigt, desto schäbiger der Kitsch. Wem an etwas Esoterischerem auf dem Gebiet des Glam oder Glitzerrock gelegen ist, kann sich auf Künstler wie David Bowie und Marc Bolan (und Elton John – aber mehr über ihn unter »Mode«) berufen – ernsthafte Musiker, die den Stil ihrer Generation bestimmten, aber gleichzeitig auch einige gute Musik erzeugten. Wenn ihre vergangenen Verkörperungen heute leicht komisch wirken, so haben sie sich weiterbewegt und sich mit der Zeit verändert (im Falle von Bowie will die Legende wahrhaben, daß er ihr stets ein klein bißchen voraus ist). Was Kitsch angeht, haben Ein-Hit-Wunder wie Kenny, Chicory Tip und Flintlock viel mehr zu bieten, da ihnen die Scharfsichtigkeit abging, um hinter die Extremitäten der Mode zu schauen – und sie waren, wollen wir ehrlich sein, selbst in ihrer Blütezeit recht unansehnlich und unausgewogen.

DIE NEUE ROMANTIK

In den frühen Achtzigern, ehe die Stilisten ihre Herrschaft über das Design und den Lebensstil antraten, erschien eine androgyne Schar von Musik-Kultpraktikern mit Klubhauspublikum am Star-Himmel, genannt die Neuromantiker. Auch wenn Glamour und Hedonismus nach wie vor auf der Tagesordnung standen, war das nicht ganz das Je-Ka-Mi der vorigen Dekade. Auf musikalischem Gebiet ersetzte die »elektronische« Revolution Gitarren durch Synthesizer. Ausstattungsmäßig trugen die Männer Kostüme, zu denen sie sich von romantischen Figuren der Vergangenheit wie Robin Hood und Don Juan inspirieren ließen. Sie verweigerten ein Lächeln, trugen aber Make-up.

Fotografien beweisen hinlänglich, daß Künstler wie das Spandau Ballet, Duran Duran, Modern Romance und Steve Strange durchaus das Potential zur Erlangung des Kitschstatus ihrer Glam-Rock-Ahnen haben. Es braucht nur ein wenig Zeit. Sie sehen hinlänglich spinnös aus, mit ihren über die Augen fallenden Simpelfransen, fließenden Roben und den »Aladin«-Hosen, die in exotischen Reiterstiefeln stecken. Aber schlimmer als ihre kostbare Überdrehtheit war die Ernsthaftigkeit, mit der manche dieser Gruppen behaupteten, die Welt durch ihre Musik verändern zu können. Neuromantik bezeichneten sie als neue Kunstbewegung oder Philosophie, die dem Volk in einer Zeit der schweren Wirtschaftskrise die Möglichkeit zur ästhetischen Ausflucht bot. Vielleicht ist das aber schon zu hoch gestochen.

Ein starker Teil der Anziehungskraft schlechter wie alter Popmusik beruht auf ihrer Nostalgie. Aber Heimweh nach den frühen siebziger Jahren und nach Gruppen wie der Glitter Band?

POP FRISST SEINE KINDER

Die Schwierigkeit mit Glam-Rock besteht darin, daß man nie genau weiß, wie ernst man ihn nun nehmen soll. In jüngerer Zeit sind jedoch einige Gruppen aufgetreten, die zum Popkitsch ein sehr viel systematischeres Verhältnis haben. Die Rez(v)illos aus Glasgow, die Ramones aus New York, die B52 aus Atlanta und Londons Bananarama haben alle die bunte Wegwerfkultur des Pop auf die Schippe genommen. Sie haben das comicstripartige Erscheinungsbild von Bands wie Jan

Die Neuromantiker der frühen Achtziger wie Steve Strange hofften, wieder für Musik und Sensibilität in der Rockmusik zu sorgen, aber sahen schließlich aus (und hörten sich meistens auch so an), als wären sie gerade mit ihrem ersten Lebkuchenherzen dem Kindergarten entlaufen.

und Dean, den Beach Boys und den Monkees nachempfunden und die nostalgische Anziehungskraft der ursprünglichen Plattenhüllen imitiert. Sie ließen sich von ihrer Musik inspirieren, um sehr visuellen, aber tanzbaren Pop für das heutige, kitschbewußte Publikum zu erzeugen.

Darüber hinaus ist es einigen Gruppen erfolgreich gelungen, äußerst absatzfähige Popmusik herzustellen, während sie sich gleichzeitig ebenso über den Ausbeutungscharakter und die Oberflächlichkeit des Musikgeschäfts lustig machen wie über den Konsumenten, der darauf hereinfällt. Sigue Sigue Sputnik, Devo und die Pet Shop Boys haben eine derartige Doppelleistung erbracht, und zwar offensichtlich ohne die Plattenfirmen und ohne das plattenkaufende Publikum zu beleidigen.

Als Kinder der fünfziger und sechziger Jahre haben die Mitglieder der Bands schon ein ganzes Leben lang die Hohlheit und Sinnlosigkeit der Popmusikkultur studieren und verarbeiten können. Deren Eigenschaften haben sie dann, sich heimlich ins Fäustchen lachend, nachempfunden und das Ganze als epischen, hymnischen Pop und Rock für eine neue Generation unbeleckter Teenager verkauft. Eine ausgebufftere, ältere Publikumsgruppe mochte sie wiederum, weil sie den Witz begriffen. Und um alles auf die Spitze zu treiben, setzte sich die Gruppe Devo in den späten siebziger Jahren für die Rückentwicklung der menschlichen Rasse ein. Sie behaupteten, die Wiederentdeckung der Wertmaßstäbe unserer primitiven Ahnen sei die einzige Möglichkeit, der Menschheit eine Zukunft zu sichern. Gleichzeitig zogen sie sich umgedrehte Blumentöpfe als Hüte an und ließen zündenden Kaugummirock von Stapel. (»Whip it« – Peitsch es – führte 1980 in den USA die Hitlisten an.) Das, könnte man sagen, spricht doch für Leute, die ihrer Tätigkeit mit einem Schuß Humor nachgehen.

Pet Shop Boy Neil Tennant zeigte seine Wertschätzung für die Herzensergüsse des Pop, als er sang, »Wenn ich in meine kleine Wohnung gehe, möchte ich jemand bellen hören« (»I want a Dog« – Ich will 'nen Hund – 1987). Er tat dies im sicheren Bewußtsein, daß die Hälfte der Fanhorde sich nie den Text anhört und auch nicht die leiseste Ahnung haben wird, daß sich da jemand lustig macht, während sie in aller Unschuld zu den elektronischen Klängen vor sich hinboppen. Alles in allem spielen die Pet Shop Boys die Rolle des Antipopstars ausgezeichnet. Sie sind die Gilbert und George der Popwelt, unauffällige Personen, die bei Interviews sehr höflich sind und nie für Fotografen lächeln.

Die Parodie auf die Spitze trieben wahrscheinlich Sigue Sigue Sputnik. Den Kult des Schocks und der Entrüstung, der nie an Popularität verloren hat, seit Elvis in den Fünfzigern zum ersten Mal so bedrohlich mit den Hüften wackelte, führten sie bis zum Absurden. Ihre Androgynität ging bis zum Extrem, und sie suhlten sich förmlich in der Tatsache, daß nichts von dem, was sie unternahmen, originell war – bestimmt nicht ihre Musik, die sie größtenteils »übernommen« hatten. Schließlich übertrieben sie auch ihren eigenen Wert, als sie fälschlicherweise behaupteten, einen Plattenvertrag mit einem Acht-Millionen-Dollar-Vorschuß und damit einen der größten der Geschichte bekommen zu haben. Obwohl ihre

Absichtlich banal witzige Liedertexte der Pet Shop Boys wie »I want a Dog« (Ich will einen Hund) und »Let's make Lots of Money« (Verdienen wir viel Geld) können als feinsinnige Bloßstellung der kitschigen Oberflächlichkeit der Popwelt verstanden werden. Sie sind im vollem Bewußtsein der Tatsache geschrieben, daß kaum einer ihrer Fans die Texte wahrnimmt, während er in aller Unschuld zur elektronischen Begleitmusik vor sich hinboppt.

Musik recht nichtssagend war, wurde man wegen ihres Haarschnitts und ihrer Kostüme und ihrer hervorragenden Parodien der Promo-Videos der achtziger Jahre auf sie aufmerksam. Leider platzte ihre kleine Seifenblase ziemlich unvermittelt, als die Öffentlichkeit entdeckte, daß EMI ihnen tatsächlich bescheidene hundertfünfzigtausend Dollar zugestanden hatte. Das Publikum hatte den Witz offensichtlich nicht begriffen.

AUS DEN AUGEN AUS DEM SINN

Das Musikvideo war für die Musikindustrie der achtziger Jahre das wichtigste Mittel zur Absatzförderung. Videos waren bei den Fernsehgesellschaften populär, weil sie sie von den Plattenfirmen gratis zur Verfügung gestellt bekamen und damit eine extrem billige Programmquelle waren. Bei den Plattenfirmen waren

sie beliebt, weil man sie weit, weit billiger herstellen konnte als Fernsehspots und weil man für die Ausstrahlung nichts zu zahlen brauchte. Und das Publikum mochte sie, weil sie eine neue Möglichkeit zur Musikerfahrung und zum Musikgenuß boten.

Doch bald sprach es sich herum, daß der zur Illustration eines Poplieds zur Verfügung stehende Ideenfundus sehr beschränkt war. Was in den frühen Achtzigern als neue und aufregende Kunstform gepriesen wurde, glitt rasch ins gleiche hohle Getue ab, das den Rest der Popindustrie so fatal brandmarkt. Wie so oft triumphierte Form über Substanz. Mädchen, die in unmöglich kurzen Röcken aus dem Auto steigen, einsame Mädchen und Jungs, die durch das Fenster nach einer langverlorenen Liebe Ausschau halten, ungeschickte Tanznummern, die von einer ständig bewegten Kamera aufgemotzt werden, Heavy Metal Bands, die in Kulissen spielen, die wie Feuerleitern aussehen (mit halbangezogenen Mädchen in der Traumsequenz) – dies alles sind nur wenige Beispiele für die leere und immer wieder durchgekaute Bilderflut, die man einsetzte, um mehr Pop abzusetzen.

Nach wie vor werden solche Videos gemacht, aber Fernsehsender geraten deswegen nicht mehr aus dem Häuschen, und wichtiger noch, auch das Publikum fängt sich allmählich zu langweilen an. Die großangekündigte Revolution des Musikvideos durch Satellit und Kabelfernsehen hat nicht stattgefunden, die Kids fangen wieder an, in die Klubs zu gehen, viele Bands stellen ihre eigenen Videos her, und die Plattenfirmen hinterfragen zu guter Letzt deren Nutzen als Marketing-Köder und fahren die Produktion entscheidend zurück. Aber wer seinen Spaß daran hat, braucht sich keine Sorgen zu machen. Bald sind die Originale wieder im Umlauf und wir völlig verblüfft, wie prätentiös sie doch sind.

UND DIE MUSIK SPIELT DAZU

Kitsch wird in der Musik, wahrscheinlich mehr als auf jedem anderen Gebiet, durch die raschen Veränderungen der Mode erzeugt. Wie wir gesehen haben, ist die musikalische Welt launisch und schnelllebig, wobei die schärfsten neuen Ideen schon nach wenigen Monaten so altmodisch und abgestanden wie nach zwanzig Jahren erscheinen können. Das, und die sehr subjektive Natur des Gegenstands, erlaubt es einem jedem, sich eine Lieblingskitschmusik auszusuchen. Warum nicht das Hin- und Hergewackel und den schäbigen Schund einer Siebziger-Jahre-Disco – mit all den ausgestellten weißen Satin-Anzügen und den überdrehten Macho-Tanznummern. Oder wie wäre es mit dem auftrumpfenden und brutalen Heavy-Metal-Zirkus mit seiner männlich dominierten Sexografie? Oder mit den unschuldigen Liebesliedern der frühen Sechziger mit den zugehörigen weißen Söckchen? Das Feld steht weit offen, weil Pop und schlechter Geschmack zusammengehören wie Plattennadel und Rille. Man kann alles als Kitsch genießen, solange man beim Hören lachen kann. Und wem der Kitsch vergangener Musik zu bekannt ist, als daß er Spaß machen könnte, braucht sich keine grauen Haare wachsen zu lassen. Irgendwo in den hochgezüchteten Multitrack-Digitalstudios der westlichen Welt wird gerade jetzt, in diesem Augenblick, neuer Kitsch erzeugt. Wer kann sich noch an die Weihnachtssingle des Popphänomens der Neunziger, der New Kids on the Block, erinnern? Nun, wer's nicht kann, braucht nicht in Panik zu geraten, die meisten Leute hatten sie schon zu Neujahr wieder vergessen. Schauen Sie sich lieber unter den neuesten Top Ten um: ich stehe dafür ein, daß Sie nicht enttäuscht werden.

IM PANTHEON
DES KITSCHS

»Die schäbigste und extremste Form von Kitsch ist die Pornographie – das äußerste an verführerischem Versprechen, das sich nie erfüllt«.

Die geschlossene Gesellschaft, die die exklusive Kunstwelt nun einmal darstellt, besteht aus ein paar wenigen Leuten, die dafür aber um so einflußreicher sind. Wie die Kenner, die ursprünglich Ende des siebzehnten Jahrhunderts den Begriff des Geschmacks definiert haben, verbringt diese kleine Eliteschar aus Künstlern, Kunstgeschichtlern, Kritikern, Galeriebesitzern und Museumsdirektoren ihre Zeit damit, mit wohlartikulierter Höflichkeit über ästhetische Tugenden zu debattieren. Doch beschränkt sich das gelehrte Geplauder mitsamt seinen unhöflichen Ausnahmen nun nicht mehr auf Salons oder Privatschauen in Kunstgalerien oder Versteigerungsräumen. Denn die Kenner von heute verfügen über das große Privileg, ihre Gedanken und Theorien in den

Kolumnen der Kunstjournale, Zeitungen und den zahllosen Kulturprogrammen von Fernsehen und Rundfunk der Öffentlichkeit zumuten zu dürfen. Allerdings führt sofort jeder Sinn für Humor, ohne den man Kitsch nicht wirklich schätzen kann, zum sofortigen, wenn auch bedauerlichen Ausschluß aus dieser Gesellschaft.

Die Haltung des Kunstestablishments gegenüber Kitsch hat sich, seit dieser Begriff geprägt wurde, kaum verändert. Allen Veränderungen in der Wahrnehmung des Publikums seit den frühen siebziger Jahren zum Trotz. Für diese Intellektuellen ist die Vorstellung, auch nur in den Kitsch-Verdacht zu kommen, einfach ganz unvorstellbar. Hat das nicht etwas mit der bösartigen, grobschlächtigen und ganz da unten angesiedelten Alltagskultur zu tun?

ANTI-KUNST (TEIL I)

Von einem guten Geschmack hat man nichts außer Prestige, und so sorgten Leute, denen ein guter Gechmack unbegrenzt zur Verfügung stand, dafür, daß

Entspannung vor dem eigenen Oeuvre: Shaun Clarkson in seiner Wohnung (gegenüber). Er ist ein Künstler-Designer, der sich gewöhnliche Alltags- und Haushaltsgegenstände vom Schaumschläger bis zum Bügeleisen vornimmt, um sie mit Glitzerkram und Kostümjuwelen auszustatten, wobei sich das Gewöhnliche ins Hypergewöhnliche verwandelt. Die surreale Seite seines Humors, siehe die Nancy-Reagan-Teekanne, erfreut sich an den Millionen ähnlich dekorierten Objekten der Massenproduktion.

auch die Kunst entsprechend hoch eingestuft wurde. Doch dies war dann wiederum denen, die das Ganze schließlich herstellen, keineswegs immer nur recht. Während sich das Kunstestablishment mehr und mehr etablierte, gab es immer mehr Künstlergruppen, die diese ungebetene Schirmherrschaft als entmündigend ablehnten. Da man Französisch können muß, wenn man in Sachen Kunst mitreden will, wurde für solche ungezogenen Künstler ein französischer Begriff, die »Avantgarde«, geprägt.

Eine der bedeutendsten Künstlergruppen der Avantgarde des frühen zwanzigsten Jahrhunderts waren eine Handvoll Künstler, die sich bei Ausbruch des Ersten Weltkriegs in der neutralen Schweiz zusammenfanden. Da sie mit dem Krieg und der Kultur, die ihn ausgelöst hatte, wenig am Hute hatten, griffen sie die Kunst und die ästhetischen Regeln der Zeit heftigst an. Sie zählten zu den Protagonisten einer Kunstströmung, die sich selbst auch als Bewegung begriff, und der gaben sie einen unvergeßlichen Namen: Dada. Ein Wort ohne Bedeutung, aber mit babyhaftem Klang. Das war ganz bewußte Anti-Kunst, ausgewählt, um eine Philosophie auszudrücken, derzufolge sich die Kunst in einen aufgeblasenen alten Dinosaurier verwandelt hatte, eine Spezies, der nur noch sehr wenige Leute überhaupt eine Überlebenschance einräumten.

Dadaisten waren die Punk-Rocker der Kunstwelt. Sie versuchten, die Kunst von ihrem bislang exklusiven Hochsitz herunterzureißen. Mittels Guerillakrieg gegen Bourgeoisie und Kunstestablishment hofften sie, das Kunstpublikum davon zu überzeugen, sich nicht länger von ein paar Oberschichtlern vorschreiben zu lassen, was Kunst und was guter Geschmack ist oder war.

Einer der bestbekannten Dadaisten, Marcel Duchamp, löste völlig vorsätzlich eine riesige Woge der Empörung in der Kunstwelt aus, indem er ein gewöhnliches oder sogenanntes »Garten-Weinflaschengestell«, das er 1914 in einem New Yorker Geschäft erworben hatte, als Kunstobjekt ausstellte. Es klappte, und Monsieur Duchamp provozierte ein Riesengeschrei. 1917 ging er mit einer genauso wunderbaren wie passend verächtlichen Geste noch einen Schritt weiter, und guillotinierte den Status quo mit seinem Entschluß, an einer internationalen Ausstellung neuer Kunst mit einem signierten Pissoir (R. Mutt) teilzunehmen.

Mit solchen »Objets trouvés«, mit derartigen »gefundenen« oder »Fertigobjekten«, sorgten Duchamp und andere Dadaisten einigermaßen erfolgreich dafür, daß man Kunst mit neuen Augen ansah. Bei den Pissoirs, Weinflaschengestellen und den Mantelständern, die zur Ausstellung kamen, handelte es sich ganz offensichtlich um Alltagsgegenstände, doch die Behauptung, daß es sich dabei um Kunst handelte, war mehr als eben nur empörend, es war der denkbar schlechteste Geschmack. Sie forderten die »Kunst« heraus, indem sie die Kunst mit dem Bann des Kitschs belegten, stellten sie auch die Identität von vermeintlich gutem Geschmack und Kunst als völlig abwegig in Frage. Kunst sollte veredelnd und erbauend wirken, die edelste Quintessenz des menschlichen Geistes sein. Aber all diese wunderbaren Werte hatten zur sinnlosen Hinmordung von Millionen von Menschen auf den Schlachtfeldern Flanderns und Nordfrankreichs geführt. Die

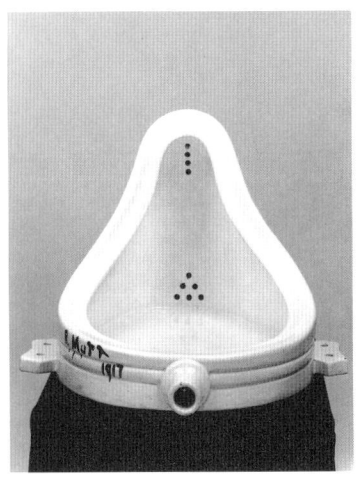

Auf einer Ausstellung neuer Kunst zeigte 1917 der Dadaist Marcel Duchamp, was er von der Kunstwelt hielt, indem er ein gewöhnliches Pissoir ausstellte. Die gewünschte Wirkung trat ein; die Kunstwelt war gebührend entsetzt, behielt sich aber den letzten Lacher vor, gerade dieses Pissoir ist inzwischen als fester Bestandteil der Welt-»Kunst« bekannt.

Dadaisten behaupten, daß das, was im frühen zwanzigsten Jahrhundert allgemein als Kunst galt, nichts anderes als Kitsch sei – das Produkt angeblich hochsinniger Werte, die elend viel weniger boten als versprochen. Duchamp gab damit indirekt zu verstehen, daß ein Ölgemälde mit einem hohen Preisschild ebensowenig der Betrachtung wert war wie ein Pissoir – eher weniger.

Aber durch eine der komischen Verdrehungen, die die Geschichte des Kitschs so liebenswert machen, sind Duchamps Alltagsobjekte ebenfalls zur »Kunst« avanciert. Sein Pissoir und sein Weinflaschengestell sind aufs penibelste fotografiert und in manch teurem Kunstbuch aufs exquisiteste reproduziert worden. Kunstkenner verfügen, wie gesagt, über keinen Sinn für Humor.

PORTRAIT DES KÜNSTLERS ALS TRICKBETRÜGER (TEIL I)

Die Akzeptanz, Aushöhlung und Desinfektion von Duchamps Hygiene-Artikel durch das Kunstestablishment ist nur ein Beispiel für seine ärgerliche Fähigkeit, den Kritikern den Teppich unter den Füßen wegzuziehen. Der Trick wurde oft genug von den nachfolgenden Jüngern Dadas wiederholt.

Die Energie und Philosophie der Dadaisten war Teil einer viel umfassenderen Veränderung und Zeitströmung. Sie standen im Zusammenhang mit einem gewaltigen Umdenkungsprozeß, der alle Künste, von Musik über Malerei bis zur Architektur, erfaßt hatte. Davon leitete sich u. a. auch der Surrealismus ab, der um 1919 vor allem durch den französischen Künstler André Breton begründet wurde. Die Surrealisten bemühten sich um das Unterbewußtsein, dem sie in

Von seinen surrealistischen Kollegen für einen alten Poseur gehalten, verstand Salvador Dali das zu malen, was dem Publikum gefiel. Der extravagante Showman wich allen Fragen, die sich darauf bezogen, ob das, was er produziere, wirklich Kunst sei, mit rätselhaften und obskuren Antworten aus, die man durchaus für bare Münze nehmen konnte.
»Die berühmten weichen Uhren sind nichts anderes als der extravagante, paranoisch-kritische Camembert der Raumzeit« Salvador Dali alias »Avida Dollars« (Anagramm von André Breton)

Die ideale Kommunikations-
möglichkeit mit dem Schellfisch. Das
Hummertelefon ist eines von Dalis
früheren Stücken aus dem Jahre 1936.
Kitsch bietet immer weniger als er
verspricht – steckt dahinter wirklich
immer ein kluger Kopf?

Traumbildern und in oft verblüffenden Kombinationen von Alltagsgegenständen künstlerischen Ausdruck gaben.

Doch selbst diese Gruppe von Außenseitern hatte ihren Störenfried. Salvador Dali wurde weltweit zum wohl bestbekannten Surrealisten, weil er die meisten Reproduktionen verkaufte (Poster seiner Gemälde waren in den siebziger Jahren vor allem in den Wohnheimen der Universitäten populär). Seine Fans behaupten, bei Dali ginge es um die Synthese zwischen der Psyche des zwanzigsten Jahrhunderts und Alltagsphänomenen. Das glaube, wer da mag: andere empfinden seine Bilderwelten aus geschmolzenen Uhren, Telefonen, Spiegeleiern, Formen, wo sich Sanddünen mit amorphen Nasen verbinden, als glatt und leer. Fest steht, daß noch niemand eine zufriedenstellende Erklärung der Symbole geben konnte, wobei man sich normalerweise damit herausredet, daß sie eben »jenseits aller Erklärungen« seien. Auf tritt für den Zeugen der Anklage – Dali selbst: »Die berühmten weichen Uhren sind nichts anderes als der extravagante, paranoisch-kritische Camembert der Raumzeit.«

Eines muß man Dali lassen: er war eine aufsehenerregende, farbige Persönlichkeit, ein berühmtes Rätsel und von den Medien geliebt. Dadurch überschattete er nicht nur die ernsthafteren unter den Surrealisten, die ihn genervt als alten Poseur abtaten. Breton schloß ihn aus, da er seine Arbeit ihrer Popularität wegen für vulgär hielt, und verpaßte ihm ein passendes Anagramm: »Avida Dollars.«

Dalis halluzinatorische Vorstellungen waren gut gemalt, wobei sich die stilistische Eleganz eines Renaissance-Bilds mit einem packendem Naturalismus verband. Aber so geschickt sie auch gemacht sind, letztlich sind sie nur Bluff und bedeutungsleer, eine exakte Definition von Kitsch. Wie alle Kitschhändler war auch Dali bemüht, mehr und mehr Geld von Leuten zu kassieren, die der Annahme verfallen waren, hier etwas wirklich Wertvolles zu erwerben. Konnten die Käufer auch keinem seiner Bilder einen Sinn entnehmen, so kam der Sinn zumindest mit dem Besitz. Dali 1968 dazu befragt, orakelte typisch und nur scheinbar rätselhaft: »Die Öffentlichkeit braucht nicht zu wissen, ob es mir Ernst ist oder nicht, so wenig, wie ich das selber zu wissen brauche.«

Natürlich gibt es noch weit mehr Kunst von äußerst zweifelhaftem Wert, sie wechselt auf Auktionen und in Kunstgalerien der ganzen Welt zu lächerlich hohen Preise ihre Besitzer. Von den Schlaumeiern der ganzen Welt durchaus geschätzt, waren anfangs der siebziger Jahre die Symbolisten, deren Arbeiten knappe hundert Jahre zuvor die Staffelei verlassen hatten. In mancher Hinsicht Dalis Vorfahren, hatten sie sich darauf verlegt, in ihren Bildern die Welt als glückliches Zusammenspiel von Mensch, Natur und Himmelsmächten vorzustellen, was insbesondere für die bekanntesten Maler der Gruppe, Gustave Moreau und Pierre Puvis de Chavannes, gilt. Moreaus Bemühungen, die spirituelle und physikalische Welt zu verschmelzen, erzeugten eine höchst schummrige quasi-religiöse Bilderwelt, wobei auf fast allen seinen Gemälden Göttinnen, Engel und christusähnliche Erscheinungen vorkommen. Dafür typisch ist sein wahrscheinlich bekanntestes Bild »Galatée« (1880/81), wo man den Kopf von Johannes dem Täufer frei in der Luft schweben sieht, während er unbemerkt und voll liebender Intensität eine schlafende Schönheit betrachtet. Die Schöne ist selbstverständlich nackt bis auf die knielangen blonden Flechten und einen Blumenkranz, der genau dem Blu-

Die bedeutungsschwangere Bilderwelt der Symbolisten des späten neunzehnten Jahrhunderts kam nach 1970 wieder in Mode. In den Bildern von Gustave Moreau (oben – »Galatée«) und Puvis de Chavannes (links – »Johannes der Täufer«) wurde dem menschlichen Streben nach Frieden und Harmonie auf mystische Weise Ausdruck verliehen. Doch irgendwie gelang es einer besonders unätherischen und durchaus irdischen Sinnlichkeit, sich durch alles Überirdische hindurch einen Weg auf die Leinwand zu bahnen.

Pop-Künstler der Sechziger erweiterten die Grenzen der Kunst, indem sie kommerzielle Bilderwelten in ihre Arbeit mit einbezogen. Alles von Comics (rechts – Roy Lichtenstein »In the Car, Fur« – Im Auto, Pelz) bis zu Büchsenetiketten (unten – Andy Warhol, »Campbell's Soup Can« – Campbells Suppenbüchse) wurde zum passenden Kunst-Sujet. Eine Banane oder Suppenbüchse ist nicht unbedingt kitschig, aber mit dem tiefen Ausloten der kommerziellen Bilderwelt fingen die Pop-Künstler auch manchmal Kitsch in ihren Netzen.

mensitz entspricht, auf dem sie ruht, und wahrscheinlich die Natur symbolisiert. Puvis de Chavannes Bilder zeigen oft entblößte Maiden und koboldähnliche Wesen, die vor idyllischer Sommerlandschaft in magischen Seen baden.

Weniger exotische, aber entsprechend banalere Kunst bleibt uns in zahllosen offiziellen Portraits, extravaganten Kunsttheorien und blassen Imitationen vergangener Kunstbewegungen erhalten. Einer der besten Orte, um sie zu genießen, ist die jährliche Sommerausstellung der Londoner Royal Academy, wo mehrere Räume zur Verfügung gestellt werden, um eine Jahresproduktion von Ideen auszustellen, die fast alle aus zweiter Hand stammen.

ANTI-KUNST (TEIL II)

Dada erwies sich in der Folge für ganz unterschiedliche Künstler, die die herrschenden Vorstellungen guter Kunst herausfordern wollten, als Wegbereiter. Aber erst einige Jahrzehnte später wurde die Frage von Kunst und Kitsch, nach Hochadel und Prolo in der Kultur erneut auf herausfordernde Weise gestellt. Die Pop-Künstler der späten fünfziger und sechziger Jahre zwangen die Frage der Populärkultur auf die Themenliste der Kunstwelt. Andy Warhol, Roy Lichenstein, Robert Rauschenberg, Jasper Johns und Claes Oldenberg in den USA und Richard Hamilton und Peter Blake in England, einander freundschaftlich verbunden, gemeinsam produzierend und ausstellend, schockierten einen gut Teil des Kunstestablishments, indem sie Sujets der »schlechten« oder kommerzialisierten Kunst verwendeten. Sie malten, was zu verachten man sie erzogen hatte – einiges davon Kitsch und alles sehr weit von dem entfernt, was damals die Ideenwelt der Kunst beherrschte.

Sie erschienen in einer selbstgefälligen und materialistischen Epoche. Der britische Premier Harold Macmillan hatte die Bevölkerung wissen lassen, daß es ihr noch nie so gut gegangen war, und im Westen häuften sich in den sich rapide verbreitenden Medien die Zeichen und Mitteilungen, die das Publikum zum Ausgeben seiner immer verfügbaren Einkünfte verführen sollten. Die Pop-Künstler übernahmen einfach die Eigenarten dessen, was für die meisten Leute die reale, tägliche visuelle Landschaft war, und kreierten daraus neue Sujets der Kunst.

Was die Künstler faszinierte, waren Markenzeichen und Verpackung gewöhnlichen Alltagslebens wie Coca-Cola-Flaschen, Suppenbüchsen und andere Waren, die nun die Supermarktregale füllten. Die Superstars der Film- und Popmusik-Welt wie Marilyn Monroe, Elvis Presley und die Beatles griff man sich als weitere Kommerz-Objekte; dadurch, daß sie zur käuflichen Ware geworden waren, wurden ihre immer wieder veröffentlichten Bilder entindividualisiert. In der Pop-art, der Pop-Kunst, bewohnten Unterhaltungsstars und Limonaden das gleiche kulturelle Universum wie die Comics, die Neonreklame und die schreierischen Schlagzeilen der Zeitungen.

Wie nicht anders zu erwarten, fiel das Establishment zunächst über die Pop-

Peter Blake, »Got a Girl« (Hab' ein Mädchen). Pop-Künstler erkannten, daß die Superstars der Film- und Popwelt genauso als verkäufliche Waren behandelt wurden wie gebackene Bohnen oder Waschpulver.

Künstler her. 1966 wurde Roy Lichtenstein vom Life-Magazine als »schlechtester Künstler der Vereinigten Staaten« bezeichnet. Das machte ihm nichts aus, da er offen zugab, daß er sich gerade deswegen entschieden hatte, Bilder zu malen, die vergrößerte Ausschnitte aus populären Comicstrips darstellten, weil das dem Establishment gegen den Strich ging. Warhol brachte die zartsinnigen Empfindungen der Kunstwelt noch mehr in Rage. Er hatte kaum mehr irgendwelchen direkten Kontakt mit den Kunstwerken, die seinen Namen trugen, sondern sah sich lieber als die künstlerische Variante eines Industriemagnaten, der Angestellte in einer »Factory«, einer »Fabrik« beschäftigte, die Kunstwerke nach seinen Entwürfen und Angaben herstellten. All das hatte wenig mit der konventionellen und romantisierten Vorstellung des Künstlers zu tun, der, oft in bitterer Armut, mit Ölfarbe und Leinwand, Wasserfarbe und Pergament oder Bronze und Gips als Einzelgänger vor sich hin werkelte.

Nun war es schon schlimm genug, daß die massiven und fröhlich bunten Bilder von Alltagswaren und Filmstaren und die großen Comic-Vergrößerungen gerade auf dem Plan erschienen, als die Kunsthistoriker und gediegenen Kunstkritiker mit dem abstrakten Expressionismus und anderen Abstraktionen zu Rande gekommen waren. Aber noch beleidigender war die Tatsache, daß die Billigreproduktionen der Arbeiten von Warhol, Lichtenstein, Blake und Hamilton mit unglaublicher Leichtigkeit und Schnelligkeit ihren Weg in die guten Stuben der Bevölkerung fanden. Diese Künstler waren kommerziell ebenso auf den Geschmack der Mittelklassen abgestimmt, wie ihr Zeitgenosse Tretchikoff auf den Geschmack der Unterklassen. Immerhin hatten Rembrandt und Constable den guten Geschmack zu sterben, bevor ihre Bilder in die Massenproduktion eingingen.

Pop-art machte erfolgreich deutlich, daß wir fast überall von Grafiken und visuellen Symbolen umgeben sind, einige davon Kitsch, daß wir dies aber, so sehr sind wir seit unserer Geburt der massiven Einwirkung kommerzieller Bilderwelten ausgesetzt, bereits nicht mehr zur Kenntnis nehmen. Und, ebenso wichtig, sie stellten klar, daß einigen dieser Elemente zweifellos ein eigener Charme innewohnt – der, außerhalb seines ursprünglichen Zusammenhangs, in ein Kunstwerk übersetzt werden kann.

PORTRAIT DES KÜNSTLERS ALS TRICKBETRÜGER (TEIL II)

Pop-art befaßt sich natürlich nicht nur und auch nicht hauptsächlich mit Kitsch. Weit wichtiger als die gelegentliche Verwendung von Kitsch-Objekten ist die Tatsache, daß Pop sich mit der Behauptung, moderne Objekte der Massenproduktion seien weit interessanter, von den traditionellen Kunst-Sujets abgewandt hat. Damit hat Pop-art der Kunst eine Bresche in die Gärten des Erdenkitschs geschlagen und einen Zugang eröffnet, den mehrere Künstler fröhlich beschritten haben.

Jeff Koons wird zur Zeit als Amerikas Kunst-Lausejunge Nummer eins gehandelt. Er begann seine Karriere als Verkäufer von Mitgliederkarten für das

Museum of Modern Art in New York. Nicht lange, und Wall Street, die Börsenstraße der Stadt, hatte ihn mit der Aussicht auf ein höheres Einkommen als Waren-Makler weggelockt, ein Einkommen, auf das der damals erst werdende Künstler angewiesen zu sein behauptete, um die Skulpturen zu schaffen, die ihn, wie er sagte, 3000 Dollar pro Stück kosteten. Das muß eine äußerst einschneidende Erfahrung gewesen sein, denn die Absurdität des Verkaufs von Schweinebäuchen per Computermonitor in einem Wolkenkratzer in der Innenstadt Manhattans fand sich in Koons Skulpturen wieder. So zeigt zum Beispiel seine Sammlung »The New« (Das Neue) fabrikneue Staubsauger in einem Plexiglasgehäuse.

Aber Koons Bedeutung für den Kitsch und sein Erscheinen auf diesen Seiten hängt mit seiner ersten wichtigen Ausstellung, »Banalität« von 1989/90, zusammen, die gleichzeitig von Galerien in New York, Chicago und München veranstaltet wurde. Zu sehen waren Porzellan und bemalte Holzstatuen, die nach Koons Anweisungen von italienischen und deutschen Handwerkern hergestellt wurden

Jeff Koons Skulpturen übernehmen die Welt des ornamentalen mittelständisch-amerikanischen Bestellkatalogkitschs, nur daß er sie massiv vergrößert hat, um ihre Scheußlichkeit zu unterstreichen. Bemalte Porzellanskulpturen wie diejenige von Michael Jackson mit seinem Lieblingsschimpansen Bubbles sehen aus, als könnte man sie zu Hause nett auf den Kaminsims stellen, sind aber tatsächlich fast lebensgroß.

(der neue Künstler macht sich nur selten die Hände schmutzig). Die Skulpturen decken die ganze Bandbreite von Johannes dem Täufer bis zu Michael Jackson ab und sind so gestaltet, daß sie aussehen wie übergroße Flughafenläden-Souvenirs oder mammutartige, dreidimensionale Wiedergaben der Trickfilmfiguren, die die Phantasie der vor dem Fernsehen großgewordenen Amerikaner bestimmen.

Zu den provozierenderen Stücken gehörten ein italienischer Kuschelbär mit Grübchen und einem unheimlich leeren Gesichtsausdruck; ein Knopf in Herzform und und ein Topf Marmelade mit gestreifter Baumwollabdeckung, eine Playboy-Blondine mit entblößtem Busen, die einen schlaffgliedrigen Rosa Panther umarmt, dessen traurige gelbe Augen eine unsagbare Verzweiflung verraten; und das Hauptstück, eine riesige überlebensgroße Statue eines vergoldeten und weißgesichtigen Michael Jackson, an den sich Bubbles kuschelt, sein ihm selbst zum Erschrecken ähnlich gewordener Lieblingsschimpanse.

Dabei handelt es sich um den ornamentalen Souvenirkiosk- und Bestellkata-

Ilona on Top (Ilona oben) – eines von Koons Pornokitschbildern. Hier der Künstler selbst mit der zur Politikerin avancierten italienischen Pornokönigin Cicciolina. Daß Koons sein künstlerisches Ziel erreicht hat, läßt sich u. a. daran ablesen, daß ein Unbekannter die Bilder auf der Biennale in Venedig aufschlitzte.

logkitsch des mittelständischen Amerika, gewaltig vergrößert, um seine ganze entsetzliche Scheußlichkeit bloßzustellen. Koons Skulpturen übernehmen und übertreffen diese geschmacklose, vulgäre und stupide Welt – und legen damit die häßlichste, banalste Seite des modernen Lebens bloß. Seine Arbeit ist auf eine Art und Weise emotional zupackend, daß sie verstörende Fragen darüber aufwirft, was es mit Kunst eigentlich auf sich hat. Die Banalitätsskulpturen brachten, sehr zur Zufriedenheit von Koons, dem Geschäftsmann viel Geld ein und machten ihn zu einem Multimillionär und einem der reichsten Gegenwartskünstler überhaupt.

Koons hat nicht aufgehört zu schockieren und zu beleidigen, indem er nach wie vor gegen die Grenzen dessen, was als guter und was als schlechter Geschmack zu gelten hat, anrennt. Jetzt behauptet er, in Cicciolina, geborene Ilona Staller, verliebt zu sein – die italienische Pornokönigin, die Schlagzeilen machte, als sie sich ins italienische Parlament wählen ließ, und die Saddam Hussein 1990 anbot, sich von ihm »vergewaltigen« zu lassen, sollte er die westlichen Geiseln, die er vor dem Krieg in Irak festhielt, freilassen. Koons erklärt: »Sie ist einer der größten Künstler der Welt – nur artikuliert sie, statt Malerei oder Fotografie, ihre Genitalien!«

Koons und Cicciolina haben sich mit einem Genre befaßt, das sich nur als Porno-Kitsch bezeichnen läßt. An der Biennale von Venedig, dem Cannes der Kunstwelt, hatte er einen Skandalerfolg, als er eine bemalte Statue von Cicciolina und sich als Weichporno-Version von Adam und Eva im Garten Eden ausstellte und sie mit drei expliziten, laser-gemalten und gefirnißten Bildern des Paares beim Geschlechtsakt umgab. Es war so erfolgreich provokativ, daß ein Fanatiker jedes Bild mit dem Messer aufschlitzte.

Die schäbigste und extremste Form von Kitsch ist Pornographie – das äußerste an verführerischem Versprechen, das sich nie erfüllt. Koons nützt das in seinen hyperrealistischen Bildern aus, wo er so zarte und intime Momente darstellt, wie er es Cicciolina mit dem Mund besorgt, während sie sich einen gläsernen Gaudemiche in die frisch rasierte Vagina schiebt. Als nächstes versuchte Koons, seine Arbeit mit Cicciolina auch unters Volk zu bringen, indem er, als sein eigener Hauptdarsteller, Regisseur und Produzent, einen Film, Made in Heaven (Was der Himmel zusammenfügt…) drehte, wobei für Sex und nichts als Sex garantiert wird.

Koons wird von vielen Leuten in der Kunstwelt für ein Genie gehalten, weil er es gewagt hat, die Grenzen des Akzeptablen in der Kunst immer weiter zu öffnen, aber in allen seinen Gedanken und Arbeiten ist auch die ambivalente Moral des aufs Ganze gehenden, hartgesottenen Geschäftsmanns zu erkennen. Von manch anderen wird er für einen Scharlatan gehalten, was auch damit zusammenhängt, wie er sich in der Öffentlichkeit präsentiert. Für Medieninterviews trägt er üblicherweise die Maßanzüge und Bügelhemden eines Wallstreet-Maklers und äußert sich kühl und geschäftlich nüchtern zur Kunst und zur eigenen Person. Dies könnte (aller Wahrscheinlichkeit nach) Absicht sein, um das

Die Kunstwelt hat sich nie mit der populistischen Ebene befaßt – das halte ich nicht für richtig. Hohe Kunst ist für mich nur unwirksame Kunst – Kunst, die kein Publikum finden kann. Madonna gelangte auf das Titelbild jeder größeren Illustrierten. Das nenne ich Wirkung.   **Jeff Koons**

97

Kunstestablishment noch mehr zu entfremden, mit dem zusätzlichen Plus eines gesteigerten Unterhaltungswertes, der seine Vermarktbarkeit als internationaler Künstler steigert. In Koons Werk spiegelt sich die Ansicht, daß Kitsch, sofern er eine akzeptable Ästhetik ist, in der Kunst ebenso gefeiert und hinterfragt werden sollte wie jede andere Ästhetik auch. Er sagt: »Die Kunstwelt hat sich nie mit der populistischen Ebene befaßt – das halte ich nicht für richtig. Hohe Kunst ist für mich nur unwirksame Kunst – Kunst, die kein Publikum finden kann. Madonna gelangte auf das Titelbild jeder größeren Illustrierten. Das nenne ich Wirkung.«

DESIGNER-KITSCH: GRAFIK

Pierre et Gilles sind zwei französische Kunstfotografen und Bilderschöpfer, die ein Technicolor-Paradies erzeugen, das kaum jemanden unberührt läßt, der einmal seinem Zauber erlag. Ihre Arbeit ist ein Sammelsurium von Schundbildern aus populären Kulturen auf der ganzen Welt, mit einer starken Betonung auf Religion und Mythologie. Jesus, Hindugötter, Engel und Figuren ausgewählter Märchen und weltumspannender Mythologien drängen sich in bunter Vielfalt durch ihr Werk.

Die beiden französischen Künstler-Designer Pierre et Gilles betreiben den Kitsch mit respektheischendem Enthusiasmus. Sie produzieren Portraits und Designs für Plattencover und Buchumschläge, angesiedelt in einer phantastischen Welt aus Populärreligion und mythologischem Symbolismus.

Pierre et Gilles erstellen stark stilisierte Portraits, die sie zu den Lieblingen der Pop- und Modemedien machten, von denen sie mit Aufträgen für Buchumschläge, Plattencovers und Popvideos bombardiert werden. Boy George bestellte 1990 ein Portrait bei ihnen und wurde in einen glitzernden, dudelsackspielenden Hindu-Gott verwandelt. Auf dem Plattencover, das sie für Marc Almonds »Zurückgewiesener Liebhaber« entwarfen, vergnügt sich Almond mit einer Seejungfrau. Als Jean-Paul Gaultier etwas für den Umschlag seiner Comic-Strip-Autobiographie, A Nous Deux la Mode, wollte, verliehen ihm Pierre et Gilles ein gewinnendes, kindliches Lächeln und portraitierten ihn mit einem Sträuß-lein Gänseblümchen vor einer idyllischen Touristenansicht von Paris im Frühling.

Obwohl es auf der Hand liegt, daß Pierre et Gilles Kitsch mit respektheischen-dem Enthusiasmus betreiben, sind sie etwas zurückhaltend, was den Gebrauch des Wortes angeht. »Was uns stört, ist nur die Art und Weise, wie es gebraucht wird. Wenn Sie sagen: ›Wow, das ist Kitsch‹ im Sinne von ›Ist das aber toll!‹, macht es uns nichts aus. Aber fast immer wird das Wort von der Bourgeoisie genutzt, um die populäre Kultur herabzusetzen.« Man kann den gegenwärtigen Status von Kitsch nicht besser definieren.

Pierre et Gilles begannen ihre künstlerische Zusammenarbeit 1977 in Paris, ein Jahr, nachdem sie einander zum ersten Mal begegnet waren. Damals arbeitete Gilles als Maler und Pierre als Fotograf – was sie so anders machte, war ihre Entscheidung, die beiden Künste zu vereinen. Eine Pierre-et-Gilles-Arbeit fängt damit an, daß Pierre ein Foto macht, das Gilles dann sorgfältig überarbeitet. Die Ergebnisse weisen ein überhöhtes Realitätsgefühl auf wie ein Foto aus der Traumwelt. Kitsch bestimmt den Stil, nicht den dargestellten Gegenstand, wobei die

Ergebnisse an Hollywood Cartoons, Indische Film-Poster und an Illustrationen einer altmodischen Familienbibel erinnern.

Nichts ist typischer für ihre Arbeit als ein von ihnen geschaffenes Buch mit dem Titel L'Odyssée Imaginaire (Die imaginäre Odyssee). Darin erzeugten sie eine Phantasiewelt, die von Figuren bevölkert wird, die hauptsächlich von den superschnuckligen Bildern großäugiger Kinder inspiriert zu sein scheinen, die man bei Zeitungshändlern und an Souvenirpostkartenständern überall auf der Welt erwerben kann. Einmal mehr erinnert der Stil an die intensiven Farben und heroischen Posen indischer Filmplakate und an die unwirklich überglatte Portrait-form, die speziell Heiligen, Königen und Hollywood vorbehalten bleibt. Beinahe alle vorkommenden Modelle sind Freunde – Leute, die es in der modischen Welt der Medien und Künste zu Ruhm und Reichtum gebracht haben.

DESIGNER-KITSCH: MÖBEL

Auf dem obersten Gipfel des Möbel-Design, wo Schreibtische und Stühle als Skulpturen betrachtet werden (und auch so viel kosten), haust eine der potentesten Inkarnationen des Kitschs: Das Gegenwartsdesign.

Schon bald nach ihrer 1981 erfolgten Gründung unter der Leitung des italienischen Architekten (und ehemaligen Olivetti-Industrie-Designers) Ettore Sottsas Jr. wurde die Memphis-Designergruppe zur bedeutendsten Kraft im internationalen Möbel-Design. Sechs Jahre lang nahmen sie sich aller möglicher Haushaltobjekte an, von Vasen bis zu Beleuchtungskörpern, von Büroinnenräumen und Möbeln bis zum Schlafzimmer, von Badezimmern bis zu Toiletten, von Spielzeugen und Bleistiftetuis bis zu Uhren, von Betten, Sofas und Schubladenkommoden bis zu Keramik, Glas und Silberbesteck. Dann gingen sie 1987 wie eine Rock-Supergruppe, der sie tatsächlich in manchem ähnlich waren, auseinander, solange sie noch ganz oben standen, um ihre individuellen Karrieren zu verfolgen (oder wieder aufzunehmen). Sotsass, Allessandro Mendini, Michele de Lucchi, Matteo Thun, Aldo Cibic, Marco Zanini und die anderen schlugen alle getrennte Wege ein, hielten aber nach wie vor am gleichen Design-Stil fest.

Es wäre verzeihlich, wenn Ihr erster Eindruck von Memphis-Objekten dazu führen würde, daß Sie prüfen, ob Sie nicht doch Ihre Schwimmbrille vom Früh-morgenbad anbehalten haben. Die Schöpfungen der in Mailand beheimateten Gruppe weisen eine sehr »außerirdische« Note auf, mit schrägen Formen und knalligen Farben. Doch trotz ihrer ungewöhnlichen Tönungen, Muster und Materialien haben sie einige Ähnlichkeiten mit gewöhnlichen Möbeln. Ein vielfarbiger und bunt gemusterter pyramidenförmiger Turm dient als Schubladenkommode, ein dickes, solides, rundes, oben mit Marmor versehenes Tablett auf Fiberglasfüßen als Kaffeetisch. Memphis-Designer setzen kühn die obszön kremigen Pastelltöne der klassischen fünfziger Jahre ein. Sie kombinieren absichtlich häßliche Braunfarben, schimmerndes Giftgrün und glitzerndes Rot und Blau. Die visuelle Anarchie erstreckt sich auf spektakulärste Weise auch auf ihre Materialien. Ihre Lieblingsoberflächen sind bunt gemusterte Plastiklaminate – die gesprenkelten metallischen Oberflächen, die sonst eher bei Akkordeons oder Gitarren aus den frühen Sechzigern zu Hause sind –, und sie bringen sie überall an – von Regaleinheiten bis zu Zifferblättern.

Die Designphilosophie der Gruppe wurde durch die radikale Designgruppe exemplifiziert, aus der sie entstanden sind, das in den späten siebziger Jahren gebildete Studio Alchymia. Sotsass und Mendini, die Gründer von Memphis, gehörten ihr an. Mit betonter Ironie nannte Alchymia ihre beiden ersten Kollektionen »Bauhaus 1« und »Bauhaus 2«. Tatsächlich bestanden sie aus leuchtend farbigen, merkwürdig geformten Möbeln, die in völligem Kontrast zum Bauhausprinzip der strengen Einhaltung der Funktion und des Verzichts auf jegliche Dekoration standen. Die Namen der Kollektionen waren als obszöne Geste gegenüber der herrschenden Bewegung der letzten fünfzig Jahre zu verstehen.

Memphis-Designer hatten den reduktionistischen Ethos der Kunst des

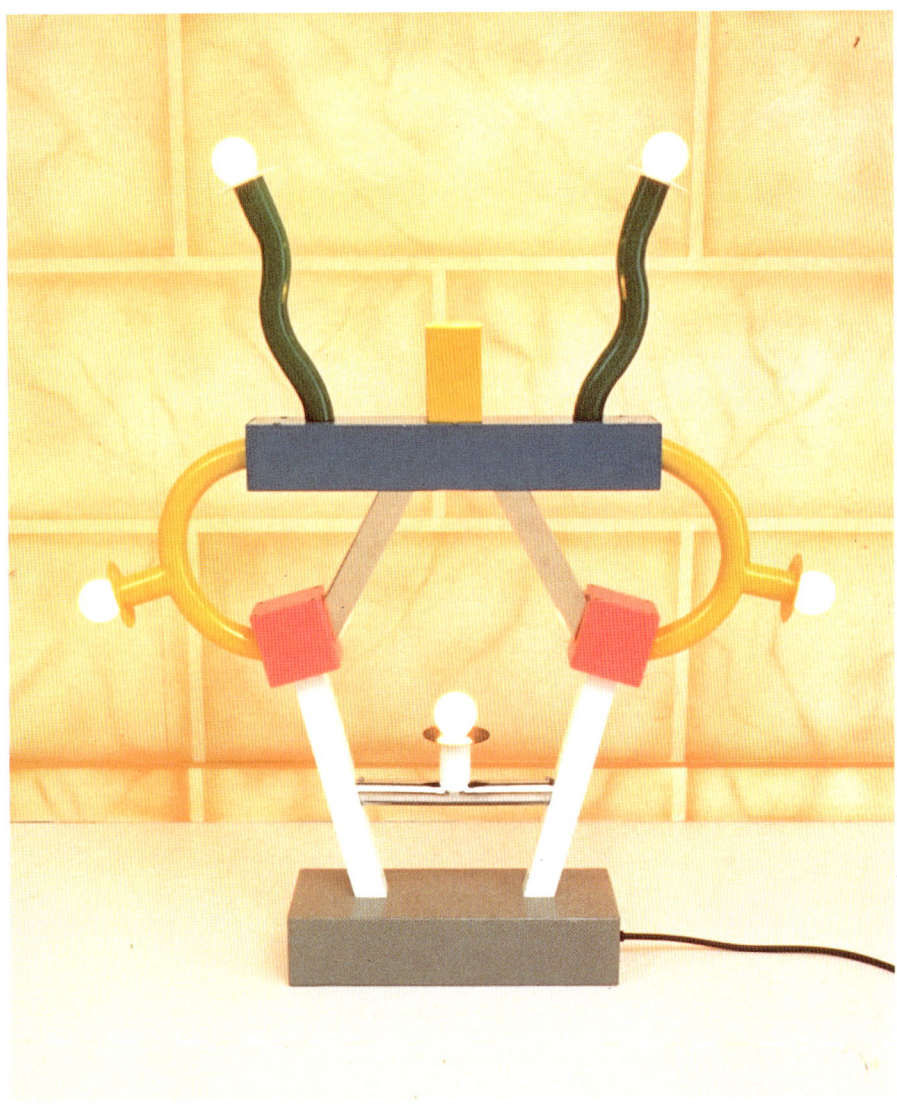

Ashoka von Ettore Sotsass. Dies fremdartig aussehende Objekt von 1981 ist, ob Sie's glauben oder nicht, eine Tischlampe (aus bemaltem Metall). Es ist klassisches Beispiel für die Entwürfe der in Mailand beheimateten Memphis-Design-Gruppe, die Sotsass leitete. Die Gruppe, die zu den potentesten Vertretern von kitschbeeinflußtem Gegenwartsdesign gehört, ist auf dem obersten Gipfel des Möbeldesigns beheimatet, wo Schreibtische und Stühle wie Skulpturen gehandelt werden (und auch genausoviel kosten).

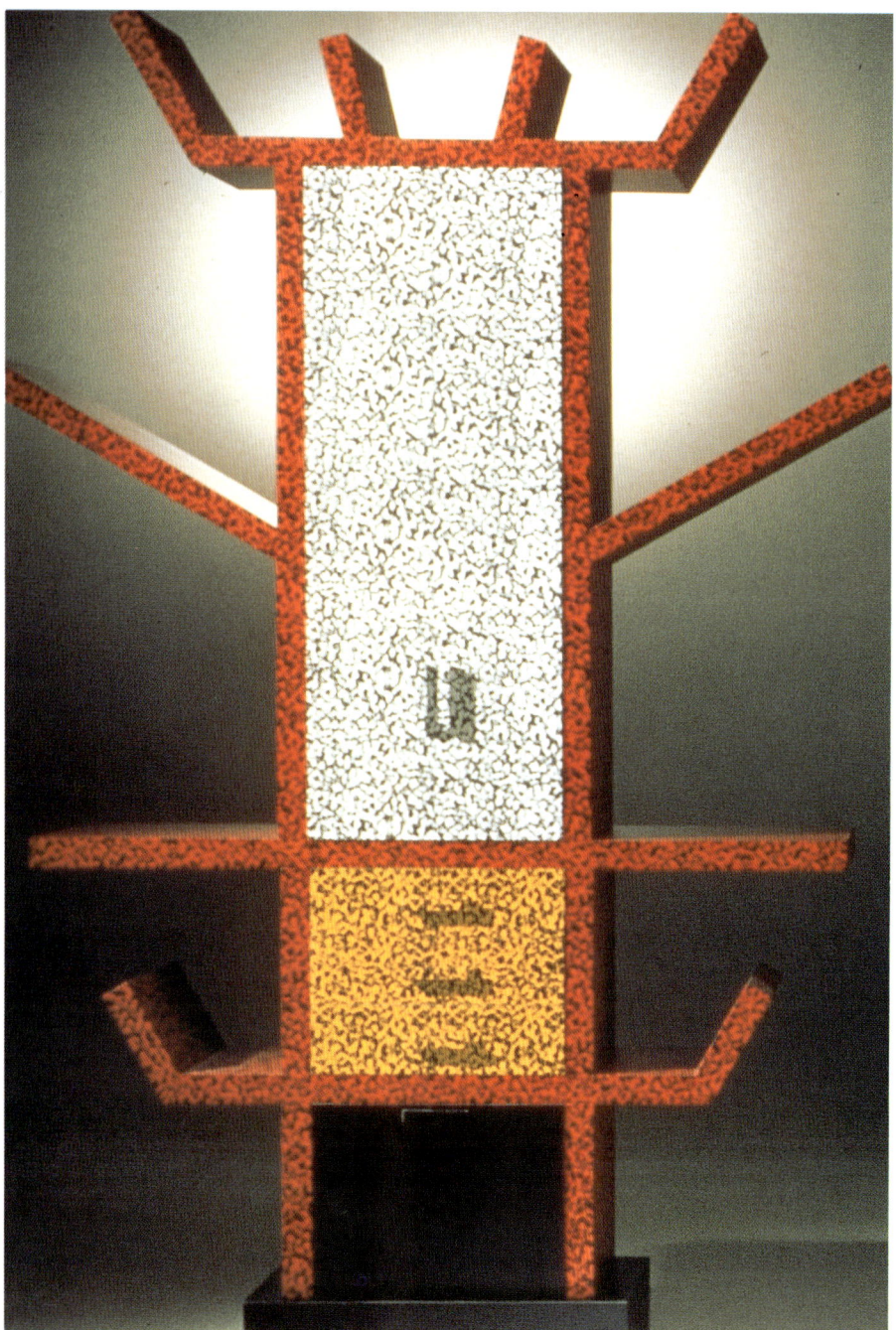

Casablanca (1981) von Ettore Sotsass: ein Buffet in Plastiklaminat mit Innenregalen. Der Name »Memphis« stammt angeblich aus Bob Dylans Lied »Memphis Blues Again«, beschwört aber gleichzeitig den kommerzialisierten Geburtsort von Elvis Presley und die antike Hauptstadt Ägyptens herauf – eine Gegenüberstellung des Antiken, des Exotischen, des Populären und des Banalen, die für den Stil der Gruppe charakteristisch ist.

Understatement satt, demzufolge Möbel kühl und sauber umrissen sein sollen, schmuck- und zierlos, vor allem funktionell, aber auch ernsthaft und tödlich langweilig (erinnern Sie sich noch an die schwarzen Kisten?). Das Leben hat doch mehr zu bieten als das, dachte Sotsass, und schickte sich an, es zu beweisen. Und ob er das tat!

Die Memphis-Designer sind semiotische Asse, sie wissen, wie Leute bestimmte Materialien »lesen«, daß etwa Marmor Macht und Wohlstand vermittelt.

Ebenso wie Marmor unmittelbar mit »hoher« Klasse in Verbindung gebracht wird, stehen Plastiklaminate und schreiende Farben zeichenhaft für den angeblich billigen populären Geschmack (oder eben für das, was sich die Massen leisten können). So idealistisch und abstrakt das klingt, im Memphis-Design wurden all die widersprüchlichen hoch- und tiefklassigen Elemente vermischt, weil die Gestalter die Hierarchie des guten und des schlechten Geschmacks abschaffen wollten. Kitsch wird mit dem guten Geschmack bis zu einem Punkt zusammengerührt, wo man nicht mehr sagen kann, welches Material nun »hoch-« und welches »tiefstehend« ist. Bei einem einzigen Möbelstück kann sich ein ungewöhnliches Stück kostbares Holz mit Chrom, fröhlichem Plastiklaminat und bunten Glühlampen verbinden. Und das ergibt ein Paradox, denn Memphis-Möbel sind, auch wenn sie aus wohlfeilen Materialien wie Plastiklaminaten bestehen, nach wie vor von Hand hergestellte Einzelstücke und in der Herstellung entsprechend aufwendig.

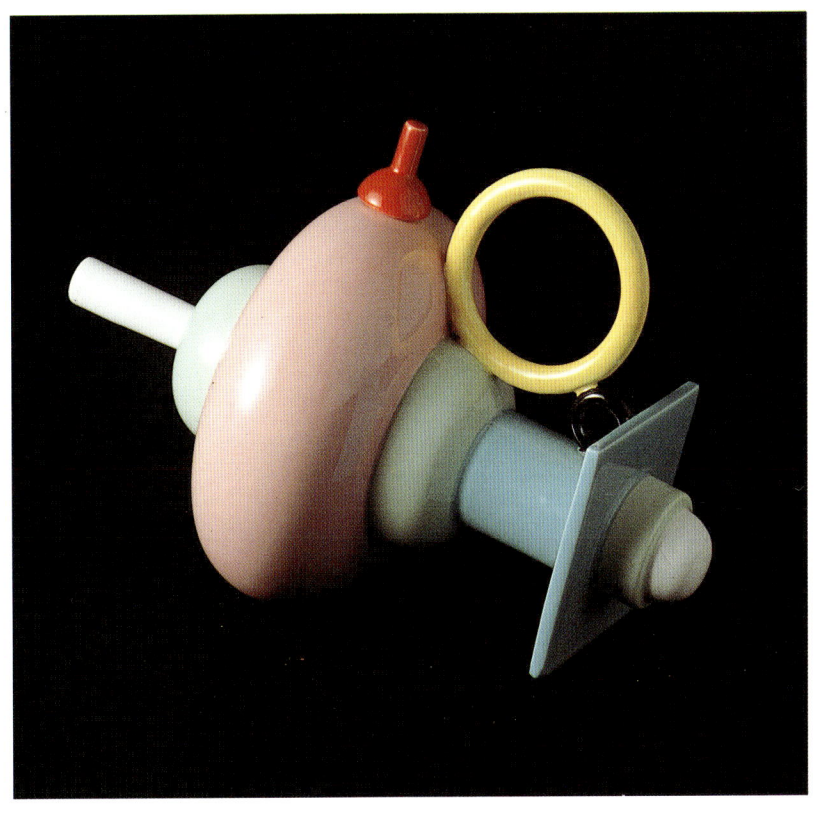

Daher sind sie sehr, sehr teuer, und das steht für Status. Ah, ein anderes irritierendes Paradox aus der Kitschgeschichte? Oder ist der Einsatz angeblich billiger Materialien durch eine Gruppe intellektueller, hochklassiger italienischer Designer an sich schon eine weitere Form von Kitsch?

Doch da die Memphis-Designer ihren Einfluß ausweiten und zur Massenproduktion wenigstens einiger Stücke übergehen, fangen die Preise zu fallen an. Vielleicht wird all dieser Instant-Kitsch bald auch für diejenigen erschwinglich sein, die schon einen Fünfziger-Jahre-Likörkasten besitzen, den sie für ein paar Pfennige im Ramschladen erstanden haben.

Die Kinderrassel ist in Wirklichkeit eine Teekanne (»Colorado« 1983) von Marco Zanini. Die Designer von Memphis setzten Kinderzimmer- oder Fünfziger-Jahre-Farben ein – entweder, indem sie Pastelltöne auftrugen, oder indem sie häßliche Braunfarben mit leuchtendem Giftgrün und glitzerndem Magenta und Zyan verbanden.

IM SCHATTEN
DES LAUFSTEGS

»Die Modewelt ist des Kitsches ständig sprudelnde Quelle…Modeopfer werden zu atmendem, sprechendem Kitsch, wenn sie ihrem Modefimmel gestatten, ihre körperlichen Grenzen zu mißachten«.

Achtung, dies könnte auch Ihnen passieren.

Alles spielt sich auf einer Party ab. Zeit: irgendwann in den frühen Achtzigern. Jeder hat sich entsprechend angezogen, völlig hemmungslos, und mit den ausgesuchtesten Klamotten. Auf geht die Tür und herein kommt ein Mann. Auch er hat sich besonders Mühe gegeben. Er trägt ein Sommerhemd mit einem Riesenkragen mit abgerundeten Spitzen, das man weniger als knallig denn als Eruption von wirbelnden gelben, roten und orangen Linien bezeichnen müßte. Seine Hosen, damals, als er sie kaufte, als »Freizeitkleidungsstück« bezeichnet, sind aus einem schokoladebraunen Tweedimitat namens »Crimplene« hergestellt und unten etwas ausgestellt. Darunter trägt er strahlend weiße Frotteesocken, die teilweise durch ein Paar offene, hohe »Jesus«-Sandalen durchscheinen. Das Ganze ist eine Beleidigung des Auges, des Hirns und der Harmonie der Schöpfung. Aber erstaunlicherweise nimmt ihn gar niemand zur Kenntnis! Sie sind auf einer Kostümparty des schlechten Geschmacks.

Fellmäntel, »aus mehreren Großkatzen hergestellt«. Nicht so sehr löwenstolzgeschmeidig als stocksteif und starr. Nicht nur die hochmodischen Kleider wirken so lächerlich, sondern die »künstlerische« und prätentiöse Art und Weise, in der sie vorgeführt werden.

Zu sehen sind über 60 verschiedene Ausdrucksformen des Konzepts »schlechter Geschmack«. Die Eleganz wird gleich mehrmals gemordet, wenn sich die Leute entscheiden, das Knallige, Überzogene und jämmerlich Unmodische zur gleichen Zeit anzulegen. Es ist Februar, mitten in der Stadt, aber die Leute tragen Hawaii-Hemden und Shorts; das sind die Achtziger, aber andere tragen hochgeschnittene Taillen, ärmellose Kampfwesten, passende Hemden, überbreite Krawatten und Beatlehosen. Die Dunkelheit der Winternacht wird durch die giftigen Tagesleuchtfarben Grün, Orange und Rosa aufgehellt, und der Großstadtdschungel wurde zur Heimstatt der falschen Tiger-, Tschitah- und Leopardenfelle. Die

Ungenierteren tragen Unterkleidung aus schimmerndem Polyester, Satin, Lurex, kurzflorigem Samt, Gummiwäsche oder noch privatere Artikel, während die, die gern an ihrem Kaminfeuer sitzen, in rosa flauschigen Pantoffeln, Lockenwicklern und gemusterten Bademänteln aus dickem Frottee erscheinen.

Das schöne ist, daß niemand zum Kostümbildner oder zum Scherzartikelladen gehen mußte. All die Kleider wurden hergestellt, damit gewöhnliche Leute wie du und ich sie anziehen – zur Arbeit, ins Kino oder um zu Hause herumzusitzen. Schön, einige der Gäste treiben es mit der Zusammenstellung ein bißchen weit, aber alles, was auf den Parties getragen wird, wurde erzeugt, weil irgendwer,

Elsa Schiaparellis Entwürfe sind schon immer von allen, die Phantasie und Bilderstürmerei zu schätzen wissen, bewundert worden. Tatsächlich trägt diese Modeschöpferin eine enorme Verantwortung für vieles, was nach ihr kam. Die tanzenden Zirkuspferde könnten geradewegs von einem gehäkelten Toilettenrollenhalter stammen, während selbst die Abzeichenmanie von heute (Quelle künftiger Kitschsammler) noch nicht bei den Trapezkünstlerknöpfen angelangt ist.

irgendwo, irgendwann meinte, das würde gut, schmeichelhaft oder sogar aufregend aussehen.

VON KOPF BIS FUSS AUF MODE EINGESTELLT

Was den Leuten als erstes einfällt, wenn sie an geschmacklose Kleidung denken, wird von den üblichen Kitschkriterien bestimmt, die schlechten Geschmack auch auf anderen Gebieten definieren. Die fraglichen Objekte sind entweder derart aus der Mode gekommen, daß sie eine neue, komische Bedeutung angenommen haben (unter dem Knie andersfarbige Hosen und vierundzwanzig Zentimeter dicke Plattformschuhsohlen), oder es sind billige und schäbige Imitationen teurer und exklusiver Originalmaterialien (Feinrindlederimitate), oder Produkte, die schon immer etwas seltsam wirkten (z.B. durchsichtige Plastikhosen), oder die Dinge, die Mami und Papi tragen, wenn sie sich das Samstagabend-TV-Programm reinziehen (flauschige Pantoffeln, Wollwesten mit Perlmuttknöpfen).

Die besten Kleider für Parties des schlechten Geschmacks findet man in Gebrauchtkleiderläden, Wohlfahrtsläden oder bei älteren Verwandten oder in dem alten Koffer dort oben auf dem Schrank, wo Sie vor zehn Jahren etwas verstaut haben. Aber die Kleider sind nicht darum kitschig geworden, weil sie in ein Museum der jüngsten Vergangenheit gehören. Vielmehr ist die Modewelt des Kitsches eine ständig sprudelnde Quelle.

All die Dinge, die Sie vorführen könnten, um Ihre Freunde zu unterhalten, sind nur ein oder zwei Generationen von den Zeichenbrettern irgendeines Modeschöpfers entfernt. Durchsichtige Plastikhosen zum Beispiel entsprangen den

Die Karl-Lagerfeld-Modelle (rechts) haben offensichtlich nicht realisiert, daß sie im Restaurant um ein Doggy-Bag hätten bitten können. Doch das Modell oben hat entdeckt, wie man in einem Paul-Galliano-Kleid am besten die Würde wahrt: Anonymität wie unterm Tschador.

Raumzeitalterentwürfen des schicken Mode-Gurus der sechziger Jahre, Courrèges. Ralph Lauren gehört zu denen, die uns das bunt gestrickte Oberteil und den nicht passenden, ganz langen Rock schenkten. Die Großmutter aller großen und eckigen Formen ist Elsa Schiaparelli. Schiaparelli hat übrigens einiges zu verantworten: eines ihrer Kostüme hatte kleine Spiegel aufzuweisen, die die Vorderseite schmückten, ein anderes Knöpfe, die wie Blumensträuße, lächelnde Gesichter und Lammkoteletts aussahen, und es machte ihr nichts aus, das Braun gedörrter Pflaumen mit einem rosa Magenta zu verbinden.

Der Geschmack der Leute ändert sich mit den Jahren oder manchmal mit

107

den Jahrzehnten, doch der Modewelt tut dies weit häufiger – mit den Jahreszeiten, ja selbst monatlich. Schaufensterauslagen, Modeschauparaden und Illustrierten-artikel werden als Hochdruck-Verkaufsinstrumente eingesetzt, um uns arme Konsumenten derart zu erschrecken, daß wir immer mehr Kleider kaufen, nur um ja nicht das Risiko einzugehen, unmodisch zu erscheinen.

Aber bei der Mode handelt es sich nicht einfach um eine Verschwörung, die uns zu unnötigen Ausgaben verlocken soll, sie kann auch ein Quell großer Freuden sein; wenn einem das eigene Aussehen Spaß macht und man mehr Selbstvertrauen hat, sollte man auch eher in der Lage sein, mit den Zwängen der Außenwelt fertig zu werden. Doch gibt es sehr viele Leute, die den attraktiven Vorstellungen der Modekultur und der damit verbundenen Eleganz völlig »verfallen«. Solche Modeopfer werden zu atmendem, sprechendem Kitsch, wenn sie ihrem Modefimmel gestatten, ihre körperlichen Grenzen zu mißachten. Sie werden sich in Kleider quetschen, die zu eng oder zu kurz sind, voller Stolz Hemden anlegen, die einige Generationen zu jung wirken, oder designergestaltete Muster derart knallig und schreiend zusammenmischen, daß jedem, der mit ihnen in Kontakt kommt, eine Sonnenbrille ausgehändigt werden müßte. Ein Sadist könnte ein solches Modeopfer zu einer Party des schlechten Geschmacks einladen, ohne auch nur ein Wort zu sagen.

Die Modewelt hält sehr viele Leute zum Narren. Sie arbeitet nach dem Prinzip von »des Kaisers neue Kleider«, das heißt, wenn einem bestimmte Leute sagen, daß man einer bestimmten Mode oder Kleidung gemäß auszusehen hat, und einem verzweifelt daran gelegen ist, von den Modemachern akzeptiert zu werden und zu ihrer Elite zu gehören, wird man alles, was sie sagen, für bare Münze nehmen, und alles anziehen, was sie einem vorschreiben (auch wenn man sich das gar nicht leisten kann).

Die Modewelt wird wie die Kunstwelt nach wie vor von einer Elite beherrscht, nur daß ihre Macht sehr viel weiter verbreitet ist als seinerzeit die der geschlossenen althergebrachten königlichen Zirkel. Die heutigen Mode-Mafiosi erhalten massive Medienunterstützung durch zahlreiche Magazine und Fernsehprogramme und haben große Macht über die Menschen. Die Scheinwelt der Haute-Couture-Laufstege von Mailand, Paris, Tokio und London sind nicht einfach Orte, wo wilde, unerschwingliche und oft auch untragbare Moden einem hingerissenen reichen Publikum vorgeführt wird, sie dienen dazu, den Massen-Modemärkten neue Ideen zu verschaffen.

Geld, heißt es, könne einem eine ungeheure Menge persönlicher Freiheiten erkaufen, aber kein Glück, keine Liebe und bestimmt keinen Geschmack. Wer sonst würde über 1500 Dollar für eine durchsichtige, aufblasbare Issey Miyake Parka oder über 5000 Dollar für ein Zandra-Rhodes-Samtabendkleid hinblättern als Leute mit wesentlich mehr Geld als Unterscheidungsvermögen? Reiche Popstars wie Madonna eingeschlossen, die sich ihre Bühnenkleidung von Gaultier entwerfen läßt, zählt man mit insgesamt nicht mehr als 3000 Frauen auf der ganzen Welt, die sich die Haute-Couture-Originale der Modeschöpfer leisten können.

Soll das verführerisch wirken oder wie? Ob sie nun mit Materialien experimentiert, wie bei André Courrèges angefressenen Polyurethan-Latzhosen von 1970 (oben), oder mit Formen, wie bei Jean-Paul Gaultiers neuen Eiskremkornett-Haltern (gegenüber), die Mode sucht nach immer neuen Wegen, die Männer von den Frauen abzubringen. Vielleicht ist das Ganze ein Witz – aber auf wessen Kosten – derjenigen, die viele Tausende von Dollar für die Originale hinblättern?

Wenn die Preise bei 3000 Dollar losgehen und für eine vollständige Abendrobe 60000 Dollar erreichen, muß man nicht nur obszön reich sein, um die Spitzenprodukte der Mode zu genießen, sondern auch geistlos und unmoralisch. Ebenso wie ein Sammler wertvoller, hochexklusiver Drucke oder Gemälde ist auch der Träger einer nur in kleiner Auflage hergestellten Haute Couture von einer Aura des Supersnob-Status umgeben. Zu viele reiche Zicken (und Böcke) sind modesüchtig, weil sie glauben, daß Geld und Exklusivität ein Zeichen von Geschmack sei. Das ist schon der Fall – oft eben von schlechtem.

Aber seien wir fair, die Bewunderung für die Hersteller des Untragbaren beschränkt sich nicht auf die Unsagbaren. Die Modekönige haben große Gefolgschaften, und die guten Dienste der Modekenner sorgen dafür, daß es einen Markt gibt, der sich danach drängt, ihre jüngsten Schöpfungen durch Bilder in Zeitungen, Illustrierten und in der Glotze kennenzulernen. Issey Miyakes »Bodyworks«-Ausstellung von 1983 zeigte große schwarze Silikonmodelle, die an Zügen hingen und mit Papierregenmänteln, Taucheranzügen und Rattankäfigen geschmückt waren. Der Katalog zeigte die Fotografie eines Mädchens, das nichts als ein der Körperform angepaßtes Plastikbrustschild trug, eine Zigarette rauchte und mit der anderen Hand züchtig die Scham bedeckte. Darunter ein Zitat des Meisters: »Ich will den Menschen zeigen, wie großartig es ist, frei zu sein. Ich will die Fäden lösen, die sie fesseln.« Kitsch oder nur zum Totlachen? Für Tausende von Menschen in Tokio, Los Angeles, San Francisco und London weder das eine noch das andere, während sie mit gekreuzten Beinen und stillschweigender Ehrfurcht stundenlang auf dem Boden saßen.

POP UND MODE, MODE UND POP

Zeitgenössische Modedesigner können Popstar-Status erlangen – man schaue sich an, wie ein Yves St Laurent und ein Calvin Klein angehimmelt werden. Doch die Beziehung zwischen den beiden Industrien ist interessanter, wenn sie umgekehrt verläuft. Weil die beiden Welten so verwandt sind, ist nicht weiter erstaunlich, daß wir Popstars als wandelnde Beispiele für extreme Mode betrachten. Auf tritt Elton John, ein Held des Kitschs.

Was Elton interessanter macht als andere Modeleitfiguren der Popwelt, ist seine Dauerhaftigkeit. Die meisten Stars sind mit der Mode des kurzen, aufleuchtenden Augenblicks verbunden, in dem sie ihren Ruhm erlangten. Aber Elton, stets sehr auffällig gekleidet, hat es fertiggebracht, sich mit den Zeiten zu verändern. Während er sich von Tanzsingles zu erwachsenen CDs mauserte, hielt auch sein Sinn für Mode Schritt.

Wenige Popstars haben ihren rüden Geschmack derart mit einem Sinn für Humor zu verbinden verstanden wie Elton. Er gelangte in der kitschigen Blütezeit des Glam-Rock der frühen siebziger Jahre als eine Art Gary Glitter der Intelligenten zu Ruhm, ohne sich je zu ernst zu nehmen, aber stets obenauf. Als jüngerer Mann war er eine außergewöhnliche Figur, wobei seine Kluft stets auch seinen ausgeprägten Sinn für das Lächerliche zeigte. Da er ein bißchen kurzsichtig war,

Elton John schaut aus wie einer der ganz wenigen der Popwelt, der weiß, daß das, was er heute trägt, schließlich genauso lächerlich aussehen wird wie das, was er ein paar Jahre zuvor getragen hat.

konnten sich die Kurzsichtigen aller Länder gleich mit ihm identifizieren, wenn er mit außergewöhnlicher Brillentracht auftrat. Seine berühmte Sonnenbrillensammlung löste eine Mode der eigenwilligen Brillenformen aus. Elton trug Brillen mit fellbezogenen Gestellen, solche mit Seepferdchen-, Palmenbaum- und Fahrradformen oder mit dem amerikanischen Sternenbanner (seine Lieblingsbrille). Je verrückter, desto besser.

Ein kurzer Blick auf seine Bühnenkostüme (von denen er viele auch im Alltag trug) zeigt seinen ausgeprägten Sinn für das Vulgäre. Man braucht bloß seinen fluoreszierenden Abend-Trainingsanzug (1973 von Bill Whitten gemacht) und die Perlmutter-Imitat-Freiheitsstatue (in der er aussah wie ein großes Kitsch-Touristensouvenir) oder den rosa Eiffelturm-Strohhut zu sehen, und man wird seinen ausgeprägten Sinn für das Komische bewundern. Er feierte das Glitzerwerk und die Pracht des Glam-Rock und des Showbiseß im Las-Vegas-Stil, während er sie zugleich sanft auf die Schippe nahm.

Wir alle folgen der Gegenwartsmode, aber man kann darauf wetten, daß solche Hochglanztrainingsanzüge einmal genauso lächerlich aussehen wie das T-Shirt mit Kapuze, das Sie gerade anhaben.

Heutzutage scheint Elton bedauerlicherweise der Welt um jeden Preis beweisen zu wollen, daß er erwachsen geworden ist. 1988 ließ er sein Spielzeug bei einer Riesenauktion in Sothebys von London versteigern und verkaufte, was wahrscheinlich die umfassendste Sammlung von Kitsch-Kunstobjekten der Welt war. Alles, von Schnuckelpuppenradios (komplett mit durchsichtigen Negligées) bis hin zu Andy-Warhol- und Allen-Jones-Originalen geriet unter den Hammer.

Ebenso wie die heutigen Pophits wird auch die heutige Mode in einigen Jahren unvermeidlich als sehr schlechter Geschmack erscheinen. Wir machen nur allzu gerne bei laufenden Modetrends mit, aber man kann darauf wetten, daß das, was Sie jetzt gerade anhaben, einmal so lächerlich aussehen wird wie ein T-Shirt mit Kapuze und Hot pants. Man braucht sich nur die gegenwärtige Leidenschaft für Sportkleidung anzusehen. Dabei spielt das typisch falsche Kitschversprechen eine Rolle, daß man sich dadurch, daß man Kleidung anlegt, die mit den Markenzeichen von Reebok, Champion oder Russel Athletik versehen ist, auch den Supermännern und Frauen gleichsetzen kann, die Hochleistungssport betreiben. Aber unsere ordinäre Körperlichkeit oder, noch schlimmer, Unterhemden der Größe 16 und eine 108er Trainingshose betonen nur unsere Michelin-Männchen-Figur und machen niemanden zum Athleten. Aufgepaßt, Ihr Wochenendeinkäufer mit den Hochglanztrainingsanzügen und den Schuhen mit Luftpumpendruckverschluß!

111

ALLES SO SCHÖN BUNT HIER

»Spielshows, Seifenopern und Situationskomödien sind die drei Beine des Kitschstativs, auf dem die TV-Kamera am profitabelsten ruht«.

1926 führte ein Schotte der Welt zum ersten Mal eine erstaunliche Erfindung vor. Sein kleines Kästchen mit einem Bildschirm – ein »Rundfunkapparat mit Bildern« – mag primitiv gewesen sein, aber es hat das Leben von jedem von uns verändert. Jedermann besitzt heutzutage genauso selbstverständlich einen Fernseher, wie er über eine Innentoilette verfügt, und in extremen Fällen steht sogar in jedem Zimmer des Hauses ein Apparat. Für die, die sich fürchten, allzu weitab von ihrem Bildschirm zu geraten, gibt es nun winzige, tragbare Fernsehgeräte, die man in der Hand halten kann, um das Lieblingsprogramm buchstäblich überall zu genießen, selbst in besagter Innentoilette. In der guten Stube der meisten Haushalte wird die Glotze stolz zur Schau gestellt, und die Möbel werden so gerückt, daß der Fernsehapparat gut zu sehen ist, und Familienmitglieder kämpfen öfter um den besten Platz.

Wie aus vorliegendem Buch ersichtlich, sind die Unterhaltungsformen am populärsten, bei denen sich der meiste Kitsch tummelt. Das Fernsehen erzielt dabei die höchsten Kitschwertpunkte, da es andere, auch sehr seichte Unterhaltungsformen in sich aufnimmt und im allgemeinen »leichte Unterhaltung« bietet (ein eigener Fernsehbegriff, der alles bezeichnet, was nicht faktisch, ernsthaft dramatisch oder sportlich ist). Das Ganze wird einem bewegten Tapetenmuster immer ähnlicher.

Die Sender sind vom Bestreben nach einem möglichst großen Stück des Zuschauerkuchens getrieben, denn je mehr Zuschauer sie sich holen, desto mehr können sie für die Werbung verlangen, die die Programme umgibt und infiltriert, und entsprechend mehr verdienen. Da Menschen sind, wie sie sind, und fernsehende Menschen obendrein, ist das Produkt des Kampfes der Sendersupermächte nicht Erziehung und Erbauung, sondern das Wohlfeile und das Schäbige – das Kitzeln, nicht die Tragödie.

Abgesehen davon, daß es andere Unterhaltungsmedien in sich aufgenommen hat, hat das Fernsehen eine Reihe von Genres erzeugt, die der restriktiven halbstündlichen Sendeplanbasis und den verzweifelt kurzen Aufmerksamkeitsspannen der Zuschauer angepaßt sind. Sie – die Spiel-, Plauder- und Varieté-Shows, die »Seifen-Opern« und die Situationskomödien – beherrschen den Sendeplan und sind fürs Fernsehen am charakteristischsten. Ein seltsamer Zufall wollte, daß sie sich auch als die größten Publikumsmagneten erwiesen.

Es gehört zu den Binsenweisheiten, im Westen sei das Fernsehen die primäre Erlebnisquelle für all das, was sich außerhalb der unmittelbaren Existenz der Menschen abspiele. Wenn man da die überwältigende Popularität von Shows wie »Die Black and White Minstrel Show« (oben) und »The Price is Right« (Der richtige Preis) – Seite 115 – bedenkt, ist es schon erstaunlich, daß der Planet noch nicht von außerirdischen Wesen in weißen Anzügen in sichere Verwahrung genommen worden ist.

112

FÜR GELD UND GUTE WORTE

Spiele waren beim Fernsehpublikum stets außerordentlich populär. In der Kindheit des Fernsehens, in den frühen fünfziger Jahren, standen Shows wie »Twenty Questions« (Zwanzig Fragen) und »What's my Line« (»Heiteres Beruferaten« hieß die deutsche Fassung mit Robert Lembke), das sich unglaubliche 90% aller Fernsehzuschauer angeschaut haben, an der Spitze der Zuschauerbeliebtheit. Quiz- und Jury-Spiele waren höfliche, gutbürgerliche Fernsehvarianten von Salon-Spielen wie »Scharaden«. Sie waren das vollkommen »sichere« Programm zu einer Zeit, in der man nicht gerne den Hemdzipfel heraushängen ließ.

In den USA wurde alles, was suggestiv, grob, oder, am allerschlimmsten, links angehaucht war, zensiert. Selbst Rock 'n' Roll wurde aus manchen Programmen gestrichen, und als Elvis es schießlich in die widerstrebende »Ed-Sullivan-Show« schaffte, durfte er nur oberhalb der Hüfte fotografiert werden. In England wurde die streng durch Lord Reith überwachte BBC für einen strengen Moralhüter gehalten. Ihr Wachhund, der Programmchef Cecil McGivern, ließ den Produzen-

pielshows, Seifenopern und Situationskomödien sind die drei Beine des Kitschstativs, auf dem die TV-Kamera am profitabelsten ruht. Die Belohnung im Jenseits besteht darin, daß dies auch die Programme sind, die am ehesten ein Kultpublikum finden, wenn sie abgestaubt und spätabends wiederholt werden. Alle verstärken und beuten gleichzeitig die mittelständischen Wertvorstellungen aus; wenn es sich um eine Komödie handelt, oft dadurch, daß ein fremdes Element in einen mittelständischen Zusammenhang gestellt wird, wie etwa die unpassend rustikale Lebensform der Beverly Hillbillies, der Beverly-Bergbauern, in der sehr erfolgreichen sechziger-Jahre-Fernsehserie gleichen Namens.

ten ein Memorandum über »Vulgarität« überreichen, worin es warnend heißt: »Streng verboten sind Witze über Toiletten, weibische Männer, suggestive Anspielungen auf Paare in Flitterwochen, Kammerzofen, Feigenblätter, Damenunterwäsche und tierische Gepflogenheiten (z. B. Hasen).«

Anfänglich hatten die amerikanischen Spielshows eine üble populistische Seite, die ihren britischen Gegenstücken abging. 1950 startete CBS »Beat the Clock« (Schlag die Uhr), worin die Wettbewerber ausgefallene Aufgaben vor dem Hintergrund einer tickenden Uhr durchführten. Anschließend an den Riesenerfolg wurde das Publikum süchtig auf Spielshows, die klingelten, surrten, gongten, klirrten und schepperten.

In einem immer lärmigeren und immer härter umkämpften Markt wurden die Spielshows noch lärmiger und noch wilder und erreichten den Höhepunkt des Konsumrauschs, als der Produzent Louis G. Cowan sich ein Quiz ausdachte, das den »gewöhnlichen Mann mit dem ungewöhnlichen Wissen« in den Mittelpunkt stellte. Dabei handelte es sich um die passend auf fünf Stellen angeschwollene Umarbeitung eines Radioprogramms: »Die 64-Dollar-Frage«, die sich im Fernsehen zur: »64 000-Dollar-Frage« mauserte. Nicht nur, daß das Programm der englischen Sprache ein neues Klischee schenkte, es wurde eine nationale Sensation. Es hieß, während die Show laufe, würde die Verbrechensrate in Amerika sinken, genau wie die Zuschauerzahlen für Kino, Baseball und Bingo. Die Markenzeichen des Programms waren Isolierboxen, spannende Musik und Zwischenphasen, die den Teilnehmern erlaubten, eine Woche nachzudenken, ob sie alles für die nächste Frage riskieren wollten.

Natürlich erzeugte der Erfolg Dutzende von Imitaten. Um die Konkurrenz abzuhängen, fingen die Produzenten an, den Wettbewerbsteilnehmern das Geld

Auch wenn dies damals als schlechter Geschmack angeprangert wurde, scheinen die frühen Spielshows wie »What's my Line« (in Deutschland »Heiteres Beruferaten« mit Robert Lembke) als höfliche Salonunterhaltung, wenn man sie mit den späteren laut-dreisten und banalen TV-Konsumräuschen vergleicht.

gleich karrenweise anzufahren. Ein Teilnehmer ging mit dem höchsten je in einer Quizshow gewonnenen Betrag davon, das waren umwerfende 264.000 Dollar!!!

Wie wohl nicht anders zu erwarten, führte die unkontrollierte Extravaganz schließlich wie gehabt zum Kitsch-Sündenfall der Korruption und des Skandals, und die »64.000-Dollar-Frage« wurde 1958 im Zusammenhang mit einer Reihe von Skandalen um konkurrierende Quiz-Veranstaltungen aus dem Programm genommen. Doch waren es nicht die »64.000 Dollar« sondern ein Programm der NBC namens »Einundzwanzig«, das das Kartenhaus zum Einsturz brachte, als ruchbar wurde, daß ein junger Wettbewerbsteilnehmer namens Charles van Doren gemogelt hatte. Die Produzenten der Show hatten ihm die Antworten, ja selbst die Zwischenbemerkungen vorgegeben und ihm beigebracht, wie er zu zögern, zu stammeln und sich die Stirn zu wischen hatte, um eine ordentliche Spannung aufzubauen. Die Sender erklärten selbstverständlich, von all dem Tun und Treiben nichts gewußt zu haben, beendeten alle Quizsendungen mit Großgewinnen und weigerten sich, jemals wieder jemanden einzustellen, der damit in Verbindung gestanden hatte – einschließlich des neuen Nachrichtensprechers der NBC, Charles van Doren.

Am anderen Atlantikufer steckte das Spielshowmonster noch in den Windeln. Als der englische Privatsender ITV (den Winston Churchill als »Zweigroschen-Kasperltheater« abtat, bevor er auch nur gesendet hatte) 1955 den Betrieb aufnahm, begannen bisher höfliche Elektro-Haushaltsgeräte auf einmal in lautstarke Quizsendungen zu explodieren, die den amerikanischen Originalen nachempfunden waren. »Double Your Money« (Doppelt oder nichts), »Take Your Pick« (Sie haben die Wahl) und »Criss Cross Quiz« (Quiz kreuz und quer) waren die ersten englischen Spielshows, bei denen man Geld gewinnen konnte. Sie waren auch die Vorläufer der ungehemmten und rüden Spielshows, die heute wie Giftpilze aus dem Fernsehboden schießen.

Spielshows füllen die Ätherwellen, weil sie billig in der Produktion sind – offensichtlich –, selbst wenn die Preise recht großzügig wirken. Man benötigt nur einen einzigen »Profi«, um das Ganze zu präsentieren, irgendeinen hohlköpfigen ehemaliger Feriencamp-Unterhalter oder verblassenden Komiker, der nichts anderes können muß, als zähnebleckend zu lächeln und den Leute auf den Rücken zu klopfen, ohne eine allzu feuchte Stelle zu hinterlassen. Die übrigen Beteiligten sind Zuschauer mit rhinozerosdicker Haut und einem etwas niedrigeren Intelligenzquotienten. Manche Preise sind geradezu komisch unpassend, wie die Wohnsilobewohner, die einen Satz Gartenmöbel gewinnen, die sich, wie man es nun dreht und wendet, nicht auf die Fensterbretter stellen lassen, und alte Damen, die mühsam einen Windsurfer nach Hause schleppen. Kitschfans lieben die Shows – je ungehemmter, desto besser.

Die allerbesten Schund-Spiel-Shows sind die Klassiker der Vergangenheit, da ihre Dämlichkeit bloß naiv wirkt wie alle Streiche unserer Jugendzeit. Die mit den verwickeltsten Regeln und den unangenehmsten Gastgebern erweisen sich als die haltbarsten: »Queen for a Day« (Königin für einen Tag) wurde weithin als vulgäre

The Price is Right
(Der richtige Preis)

115

Zähnebleckendes, unechtes Lächeln und eine schmierige Herablassung den Gästen und dem Publikum gegenüber sind die Markenzeichen von Spielshow-Präsentatoren auf der ganzen Welt. Bob Monkhouse hat seine Fähigkeiten an englischen Zuschauern geschliffen, seit das Genre (samt Schiffsratten?) zum ersten Mal den Atlantik überquerte. Oder kennen sie etwa nicht den »Goldenen Schuss«?

Ausbeutung menschlichen Elends in einer Orgie des kommerziellen Warenangebots kritisiert. Dennoch war es die Nummer eins unter den Vormittagsshows, zuerst im amerikanischen Radio, danach im Fernsehen, und stand zwischen 1945 und 1964 fast zwanzig Jahre lang auf dem Programm. Tag für Tag wurden fünf Wettbewerbsteilnehmerinnen aus dem Publikum gewählt, die sich um den Titel der »Königin« bewerben konnten, indem sie, normalerweise unter Tränen, erzählten, warum sie etwas Bestimmtes wollten. Dahinter stand eine einigermaßen rührende persönliche Geschichte, aber manche Wünsche waren echt tragisch – eine Teilnehmerin wünschte sich eine Urne, um ihre Mutter zu begraben, die andere ein neues Glasauge für ihren Mann, da das bisherige eingefroren und zersprungen war!

Die lautstärkste und materialistischste Spielshow war »The Price is Right« (Der Preis stimmt) – die in den späten fünfziger Jahren im US-Fernsehen lief und 1972 mit Bill Cullen als dem ursprünglichen Conferencier wiederaufgenommen wurde. Hier ging es darum, die Preise von Haushaltsartikeln zu kennen. Eine britische Version wurde 1984 mit Leslie Crowther gestartet, der sich seine Teilnehmer aus einem ob des Anblicks der »herrlichen Carole«, die sich über einen Cocktailkasten oder Rasenmäher ausgebreitet hatte, hysterisch tobenden Hooligan-Publikum aussuchte, und sie, zu fetziger Musik, mit dem Ruf »Runter zu mir!« zu sich auf die Bühne holte. Ein einziger Teilnehmer weigerte sich, runterzukommen – bei der allerersten Show.

Spielshows sind laut, vulgär, angefüllt mit schlechtem Geschmack, und genau darum so erfolgreich – präzise das, was das allgemeine Publikum sich wünscht. Und dabei geht es nicht nur um Geld; in den Sechzigern wurde »Liebe« derart populär, daß sie als Publikumsmagnet Geld und Konsumgüter auszustechen begann. 1966 startete ABC »The Dating Game« (Das Rendezvous-Spiel), wobei die Preise nicht Schubkarren voller Geld oder schnuckliger Spielzeuge waren, sondern Partner!

Das wiederum führte zu einer weiteren Sendung, »The Newlyweds Game« (Frisch Verheiratet), in der frisch verheiratete Ehepaare darauf untersucht wurden, wie gut sie ihre Partner in der kurzen Phase der Werbung kennengelernt hatten. Und dies rief dann in England eine geriatrische Version auf den Plan, »Mr. and Mrs.« (Herr und Frau), eine einschläfernde Spielshow für alte Knacker, die den farblosen Derek Batey zum Gastgeber hatte. Auch heute ist gerade dieses Subgenre der Spielshow außerordentlich populär. Von etwa 1985 an haben die Kitschfans Englands sich an einer eigenen britischen Variante des »Rendezvousspiels« sattsehen können – an Cilla Blacks ungehemmtem »Blind Date« (Partner unbekannt). Woche für Woche wird das Publikum durch Wettbewerbsteilnehmer ans Sofa gefesselt, die auf riskante Fragen unbekannter Partner schlüpfrige Antworten geben.

TALENT – VERZWEIFELT GESUCHT

Dem Publikum ist im allgemeinen an einem Fernsehauftritt sehr gelegen. Der wird ihm ermöglicht, wenn es als Teil eines Studiopublikums kurz von der Kamera erhascht wird, sich als Teilnehmer einer der oben erwähnten Spielshows zur Verfügung stellt oder (Gott behüte!) versucht, seine Viertelstunde Ruhm in einer der vielen Fernseh-Talentshows zu erringen, die in all den Jahren auf den Bildschirmen erschienen, verschwunden und neuerschienen sind.

Verschiedene amerikanische Sender der fünfziger Jahre zeigten hinterwäldlerische Talentshows, wo man »Newsboy of the Year« (Zeitungsjunge des Jahres)

The Price is Right (Der Preis stimmt) begab sich in Untiefen, die bisherige Shows nicht einmal angekratzt hatten. Ursprünglich in den Fünfzigern durch Bill Cullen präsentiert (siehe S. 113), zeigte es ein hysterisches Publikum, das in einer Woge des Konsumrauschs gnadenlos um die ersten Plätze stritt, wobei die einzige erforderliche Fähigkeit das Wissen um die Preise von Haushaltsartikeln war. Leslie Crowther gab sich die Ehre, als das britische Publikum wußte, daß es sich nicht länger würde beherrschen können.

werden konnte; und Sendungen wie die »Amateur Hours«, die Stunde der Amateure, waren und sind bei den kleinen Kabelsendern sehr beliebt. Sie waren die Inspiration für eine Show, die mehr Mittelmaß ins Fernsehen gebracht hat als jede andere: »Opportunity Knocks« (Die Gelegenheit ist da). Zwischen 1965 und 1977 ermöglichte sie Nummern wie die von Bobby Crush, Bonnie Langford, Peters und Lee, den singenden Minenarbeitern Millican und Nesbitt, Neil Reid und Lena Zavaroni.

Von den Tausenden von Nummern, die dabei vorgeführt wurden, erwiesen sich nur eine Handvoll als erträglich – wie Les Dawson und Mary Hopkin. Es mag interessieren, daß die bekannte Kitschkuriosität, der Sänger Engelbert Humperdinck (damals noch der gute alte Gerry Dorsey), beim Vorsingen durchfiel (vielleicht hatten sie doch ein gewisses Urteilsvermögen)! In den frühen siebziger Jahren (die klassische Kitschperiode, wissen Sie noch?) konnte das Publikum von solchen Horrorshows gar nicht genug kriegen. »New Faces« (Neue Gesichter), das Konkurrenzprodukt von ITV, unterschied sich nur darin, daß es zusätzlich über eine Jury von »Experten« aus dem Showgeschäft verfügte. Die Jury kommentierte die Nummern (oft brutal) und vergab Punkte für Eigenschaften wie »Präsentation«, »Inhalt«, und schließlich, woran es größtenteils auf traurige Weise mangelte, für »Star-Qualität«.

Etwa gleichzeitig mit den »Neuen Gesichtern« wurde junges und unerprobtes Talent auf den englischen Bildschirmen auf brutale Weise öffentlich abgeurteilt, ein Verfahren, das in der amerikanischen »The Gong Show« von Chuck Bariss begonnen hatte. Ursprünglich ein Vor- oder Nachmittagsbilligprodukt, kam es 1976 ins Hauptabendprogramm der NBC. Ausgefallene und monströse Nummern durften vor einer Jury berühmter Leute auftreten, die die Vorführungen, die sie nicht mochten, mittendrin durch das Schlagens eines Gongs unterbrechen konnten.

Nicht nur äußerst banal, sondern in jeder Hinsicht schäbig ist der Wettbewerb, bei dem die »Miss World«, die schönste Frau der Welt bestimmt wird. Dieser angebliche Schönheitswettbewerb hat immer noch mehr Klasse als die billigen »Mutter-und-Tochter-Schönheitswettbewerbe«, die im amerikanischen Fernsehen der fünfziger Jahre populär waren, was aber den »Miss-Welt-Wettbewerb« nicht davor bewahrt hat, von den britischen Fernsehbossen als zu sexistisch fürs heimische TV-Publikum eingeschätzt zu werden (auch wenn er sonst überall in der Welt zu sehen ist). Der Wettbewerb war das geistige Kind des legendär arroganten Impresario Eric Morley (dessen geschickte Hand im Ramsch-TV sich auch im komisch antiquierten Gesellschaftstanzwettbewerb »Come Dancing« zeigte). »Miss World« scheint genau der Mentalität des männlichen Chauvinisten zu entsprechen, der von einer jungen Frau mit festem Fleisch träumt, einem gedankenlosen Dummerchen mit üppigen Kurven, das nie widerspricht.

DIE BADEWANNE ALS BÜHNE: SEIFENOPERN

Ganz oben in den Zuschauerstatistiken des Fernsehens findet man stets die Seifenopern. Gewaltige Zuschauermassen schalten sich Woche für Woche ein, und Ereignisse wie Hochzeiten, Tod und Skandale sind Gesprächsstoff für die ganze Nation.

Fleischbeschau: Schönheitswettbewerbe wie die »Miss World« beweisen den oft zitierten Satz, daß dümmer als die Zuschauer eines solchen Programms nur die Leute sind, die darin auftreten.

Pop und Fernsehen haben sich schon immer gebraucht. Agnetha, Björn, Benny und Annafried – besser bekannt als die schwedischen Megastars der Siebziger, ABBA – schossen durch den »Eurovisionsschlagerwettbewerb« von 1974 zu internationalem Starruhm auf. Die jährliche Vorführung des kleinsten gemeinsamen Nenners des musikalischen Erfindungsgeistes zieht allein in Europa über hundert Millionen Zuschauer in seinen Bann. Seit seiner Institutionalisierung im Jahre 1956 hat er dem Kontinent eine neue Eurosprache geschenkt, die am besten durch Liedertitel wie »La, La, La, Ding Ding a Dong«, »Bumm Bang-a-Bang« und »A-Ba-NI-BI« illustriert wird.

Wie die Spielshow ist auch die Seifenoper eine amerikanische Erfindung, eine Unterhaltungsform, die der kurzen Aufmerksamkeitsspanne des Publikums und seinem Hunger auf Aufregendes entspricht. TV-Seifenopern gehen in den Fußstapfen amerikanischer Radiodauerbrenner aus den dreißiger Jahren, wie »Pepper Young's Family« (Die Familie von Pepper Young), und »When a Girl Marries« (Wenn ein Mädchen heiratet), die in den Tagen vor der Verbreitung der Kathodenstrahlröhre gewaltige Zuschauergefolgschaften hatten.

Solche Seriengeschichten werden gerne von einem treuen Publikum auf wöchentlicher, zweitägiger oder selbst auf täglicher Basis verfolgt. Selbst wenn sich einige Seifenopern tatsächlich tapfer bemühen, das Leben zu reflektieren und sich mit verschiedenen gesellschaftlichen Einzelproblemen zu befassen, sind sie meistens kaum mehr als Comic-Geschichten mit Figuren, mit denen sich das Publikum entweder liebend gerne identifiziert oder die es zu hassen liebt. Wie Spielshows sind die Seifenopern für die Sender eine wunderbare Einrichtung, denn sie lassen sich billig herstellen und sorgen für Zuschauer.

Das Publikum brauchte nicht lange, um auf bestimmte Seifenopern süchtig zu werden. Hauptabendsendungen wie »Peyton Place« in den Staaten und »Coronation Street« in England gingen anfangs der Sechziger auf Sendung und erzeugten genauso einen Goldrausch wie zehn Jahre zuvor die Spielshows. Konkurrierende Sender, die von einer wirklich schlechten Idee niemals die Finger lassen können, schufen in ihrem Gerangel um Anteile am Seifenopernmarkt allen möglichen Mist. Die allerschlechtesten Produkte bieten heute den größten Unterhaltungswert. Arbeiten, die nicht nur unter Geld- und Zeitnot zu leiden hatten, sondern aussehen, als wenn alle Schauspieler und das ganze Produktionsteam beim Fernsehtest durchgefallen sein müssen. Die Programmacher wissen aber ganz genau, daß solche Mängel, haben sie ihr Publikum einmal am Haken, stets übersehen werden.

Wie die Spielshow ist auch die Seifenoper im Hinblick auf die kurze Aufmerksamkeitsspanne eines Fernsehpublikums gestaltet worden. Die, die aussehen, als ob sie ohne Geld und durch eine bei der Filmschule durchgefallene Produktionsmannschaft hergestellt worden sind, werden von den Kennern am meisten geschätzt. Der beliebteste britische Seifenopernschmachtfetzen ist »Crossroads«: Meg Richardson (Nole Gordon), Jill Richardson (Jane Rossiter) und Sandy Richardson (Roger Tonge).

Konkurrierende Sender, die von einer wirklich schlechten Idee niemals die Finger lassen können, schufen in ihrem Gerangel um Anteile am Seifenopernmarkt allen möglichen Mist. Die allerschlechtesten Produkte bieten heute den größten Unterhaltungswert.

Sehr beliebt und heute noch in guter Erinnerung war in England der Schmachtseifenopernfetzen »Crossroads« (Kreuzwege), der, bis er nach 24 Jahren 1988 abgesetzt wurde, zu den Lieblingsunterhaltungen des Landes gehörte. Das Programm befaßte sich mit der Witwe Meg Richardson und ihren beiden Kindern, die das Familienheim in ein Motel verwandelt haben. Ursprünglich nur für eine Laufzeit von sechs Wochen geplant, wurde »Crossroads« so sehr Teil des britischen Lebens wie das Schlangestehen bei Woolworth. Die Firma Radio Rentals hatte eine Anzeige für einen Videorekorder laufen, worin sie versprach: »Hält sechzehn Episoden Crossroads fest (wenn Sie's auch durchhalten!).« Komiker machten Witze über Crossroads-Schauspieler, die gefeuert wurden, weil sie ihren Text auswendig konnten. Das schauspielerische Niveau verbesserte sich mit der Zeit, die Drehbücher nicht.

Man muß der Sendung zugute halten, daß sie sich mit kontroversen Problemen auseinanderzusetzen versuchte, wie Mongolismus, Abtreibung, Vergewaltigung, Rassismus und Reagenzglaszeugung, aber wie in jeder Seifenoper muß jede bedeutendere Figur – einfach weil der Druck, genügend Geschichten auf den Markt zu bringen, um das Publikum süchtig zu halten, derart groß ist – in wenigen Jahren so viel durchmachen wie wir übrigen Sterblichen kaum in 20 Lebenszeiten! Meg Richardsons Tochter Jill, die einzige Schauspielerin, die von der ersten bis zur letzten Episode mit dabei war, war dreimal verheiratet (einmal mit einem Bigamisten), hatte ein Kind von ihrem Stiefbruder, wurde drogensüchtig, Alkoholikerin und erlitt, um das Maß voll zu machen, noch einige Nervenzusammenbrüche. Nicht daß es Meg sehr viel besser ging. Ihr erster Mann versuchte sie zu vergiften, sie kam wegen gefährlicher Fahrweise ins Gefängnis, litt an Gedächtnisschwund, und als sie endlich durch eine Heirat mit einem erfolgreichen Geschäftsmann das wahre Glück gefunden zu haben glaubte, wurde der prompt von einer internationalen Terroristenbande entführt und starb an einer Herzattacke. Meg beschloß, nun sei es das beste, mit dem Kreuzfahrschiff Queen Elizabeth II, der legendären QE2, in See zu stechen!

Die Zuschauer werden auf den allergrößten Mist süchtig, und da sind durchaus auch einige Prachtschundstücke drunter. Die lächerlich tiefen Produktionsstandards von »Crossroads« kommen in englischen und amerikanischen Seifenopern beinahe nicht mehr vor – die meisten haben nun ein Produktionsniveau, das etwa dem von Fernsehspielen entspricht. Aber es gibt grobschlächtigen Ersatz in den sich stets mehrenden australischen Seifenoperimporten wie »Neighbours« (Nachbarn), »Young Doctors« (Junge Ärzte) »At Home and Away« (zu Hause und in der Fremde) und, am allerbesten, »Prisoner Cell Block H« (Die Knastzelle vom Block H) – der in vielen Ländern ein Kitsch-Kult-Hit ist. Schauplatz ist ein Frauengefängnis, dessen Darstellerinnen größtenteils wie Lastwagenfahrer in Damenkleidern aussehen, wobei sich die Sendung auf brutal uneinfühlsame Weise mit den Problemen befaßt, die sich eben in einem Gefängnis ergeben können – Homosexualität, Diebstahl und Unsicherheit. Das alles auf herrlich anfängerhafte Weise gespielt und produziert.

120

Am anderen Ende des Spektrums findet man den pompösen Kitsch, Stichwort: »Reiche Zicken.« Hätte Shakespeare 1978 gelebt, hätte er seine Freude an J. R. Ewing, dem Jago von Dallas gehabt, dem Helden der Seifenoper, die die ganze Seifenopernwelt für mehr als ein Jahrzehnt dominieren und endgültig beweisen sollte, daß die Amerikaner dem Rest der Menschheit überlegen sind – so tragen sie zum Beispiel Stetson-Hüte, ohne sich zu schämen. Wie ein Hollywood-Film auf 35-mm-Material gedreht, war dies die geleckteste, luxuriöseste Seifenoper, die es je gab. Die Saga der ölreichen Ewing-Familie war groß und auftrumpfend wie Texas selber.

Die Figuren waren alle obszön reich, und die üppige Traumwelt, die sie bewohnten, erwies sich als unwiderstehlich für ein Publikum, das der grauen Alltäglichkeit des Lebens nur allzugern entfliehen mochte. Die Frauen, Tag und Nacht mit vollkommenem Make-up, ließen andere Fernseh-Heldinnen wie graue Mäuse erscheinen, und die ständigen Verbrechen von J. R. machten andere Schurken zu Weichlingen. »Dallas« erwies sich als derart einnahmeträchtig, daß eine ganze Reihe der unvermeidlichen zweitrangigen Kopien und Nebenprodukte entstand, so z.B. »Dynasty« (voller rasch alternder englischer Leinwandköniginnen wie Joan Collins, Stephanie Beecham und Kate O'Mara), »Falcon Crest« (eine Weinzüchtersaga, von den »Dallas«-Produzenten hergestellt, mit Ronald Reagans Ex-Frau Jean Wyman als sich gnadenlos durchsetzender Chefin) und »Die Colbys«. Sie alle hatten zumindest eine gewisse geleckte Glätte, aber das schmierenkomödienhafte »Santa Barbara« war ein Rückfall in die Amateurstandards der Eisenhowerjahre.

Doch selbst eine qualitativ hochstehende Starbesetzung und erstklassige Produktionsmittel konnten zuletzt nicht darüber hinwegtäuschen, daß bei »Dallas« schließlich und endlich nur von sehr gut angezogenen Leuten leeres Stroh gedroschen wurde, mit Handlungen, die ebenso entsetzlich waren wie die Amateurdramatik ihrer Vorgänger. In »Dallas« zum Beispiel entschied sich Patrick Duffy, der Schauspieler, der den Bruder von J. R., Bobby, spielte, seinen Vertrag nicht zu erneuern. Die Autoren ließen ihn also umkommen. Die Zuschauerzahlen stürzten dramatisch ab, und gleichzeitig hatte Duffy schwere Seifenoper-Entzugserscheinungen. Und da bewiesen die »Dallas«-Produzenten, daß es wenigstens in der Seifenoper ein Leben nach dem Tode gibt. Der Schauspieler erhielt eine Gehaltserhöhung, Bobby kam von den Toten zurück, indem er in der Dusche seiner Frau materialisierte und sein Tod als Traum der Frau abgeschrieben wurde! Eine so zynische Manipulation würden die Zuschauer bestimmt nicht hinnehmen. Und ob die das taten, denn obwohl »Dallas« nie mehr die ganze Welt schwindeln machte, kochte es doch auf kleinerer Flamme ein paar weitere Jahre ganz anständig vor sich hin.

DIE ENDLOSE KOMÖDIE: SUBURBIA

Wie die Seifenoper ist auch die Situationskomödie ein direkter Nachfahre eines Radioprogramms. Die erste TV-Situationskomödie entstand 1951, Lucille Balls »I love Lucy« (Ich liebe Lucy). Sie war eine der allerersten Komödien, die mit drei

Simultankameras vor echtem Publikum aufgenommen wurde. Das durfte einer Slapstickkomödie zusehen, in der Lucy und ihr Männer (gespielt vom echten Ehemann Desi Arnez) ein Leben führten, in dem ein toller Streich den anderen jagte, wie etwa der, daß Lucy die ganze Wohnung mit Seifenblasen füllte. Die Sendung war ungeheuer erfolgreich und mehrere Jahre der größte Zuschauermagnet für CBS. Damit war der Ton für die meisten Situationskomödien (»Sit-Coms«, wie sie in der Fachsprache genannt werden) vorgegeben, die Fernsehversion der theatralischen Farce.

Ein Grundmuster, dem seither alle TV-Komödien entsprechen, nur daß das Format heute etwas ausgelutscht ist. Die Fernsehprogramme sind mit Hunderten solcher Sendungen vollgestopft, wobei eine schlechte Situationskomödie allerdings nicht dieselbe Anziehungskraft auf die Kitschfans hat wie die Seifenoper in Reinkultur, die Spielshows oder Talentwettbewerbe. Mit ihrem lahmen Humor und dem phantasielosen Hintergrund sind sie größtenteils bloß unerträglich. Schlechte Komödie amüsiert schlicht nicht.

Die hollywoodartigen Produktionsmittel der glatten Seifenopern der Achtziger wie »Dallas« und »Dynasty« können nicht vergessen machen, daß es sich dabei nur um gutangezogene Strohpuppen handelt, deren Handlungen und Vorkommnisse in keiner Weise besser sind als die ihrer billigeren Schwestern. Jetzt darf man ja die Wahrheit sagen: »Dynasty« (links) war tatsächlich ausschließlich als wohltätiges Unternehmen geplant, um die Karrieren alternder Halbstars wie Joan Collins, Stephanie Beecham und Kate O'Mara zu retten.

Doch im Gegensatz zu den trüben und grauen humorlosen modernen Situations-komödien gibt es haufenweise bizarre und phantasievolle Sendungen aus den fünfziger und sechziger Jahren, die mit komischen Ideen nur so vollgestopft sind. Entsprechend beliebt sind sie bei den fernsehsüchtigen Schundfans von heute.

»The Addams Family« (Die Addams Familie) und »The Munsters« (Die Mun-sters) handeln von zwei vorstädtischen Schreckgespenstfamilien, die eine mehr als nur zufällige Ähnlichkeit mit Figuren wie Frankenstein und Dracula haben. »Bewitched« (Verhext) handelt von einer Mutter und einer Tochter, die beide Hexen sind. Die Tochter ist mit einem Werbefachmann verheiratet, der sich stän-dig bemüht, sie von ihrer Hexenkunst abzubringen, während die Mutter sie immer wieder zurückholt. »I dream of Jeannie«, mit dem künftigen »Dallas«-Star Larry Hagmann als schiffbrüchigem Astronauten, der einen Korken aus einer Flasche zieht, worauf ein weiblicher Geist namens Jeannie herausspringt, bereit, die Befehle seines Herrn und Meisters auszuführen. Das Problem besteht darin, daß sie fast alle seine Befehle mißversteht und daß es unglaublich schwer ist, den Leu-ten ihre Gegenwart zu erklären. Die eigentümliche Mischung aus Gartenvorstadt und dem Überirdischen verleiht diesen typischen Darstellungen des Vorstadtle-bens eine bestechende Qualität.

Es gibt viele andere alte Fernseh-Komödiensendungen, die von den Leuten ebenso genossen werden wie alter Pop – die verstrichene Zeit hat dieselbe distan-zierende Wirkung, so daß Fernsehsendungen, die man einst als den Schund der Kindheit oder Jugend abtat, jetzt als Kitsch gefeiert werden können. Die Shows, die die Lieblingsnachmittagssendungen der Kleinen waren, werden jetzt ganz spät nachts für dieselben groß gewordenen Kleinen wiederholt. Sehr beliebt sind »The Partridge Family« (Die Partridge Familie) – eine sentimentale Schmunzel-Show über eine Familie (mit der Filmschauspielerin Shirley Jones als Mama und dem Teeny-Idol David Cassidy als großem Bruder), die die Last der schweren Zeiten als Popgruppe auf Tournee ertrugen – »Thunderbirds«, eine Art James-Bond-Ver-schnitt an Marionettenfäden – und »Pinky and Perky« – zwei quiekende, singende Ferkelpuppen, die singend oder vielmehr quiekend und hüpfend die Tageshits zum besten geben. Zwei Figuren, die viel zum Verständnis des großen bösen Wolfs beigetragen haben.

VON UNHEIMLICH ÜBER SCHRÄG BIS AUSGEFALLEN

In der gut dreißigjährigen Geschichte des Fernsehens sind zahllose Science-fic-tion-Serien entstanden. Einige waren intelligent, andere wiesen unglaubliche Spezialeffekte auf, manche waren unheimlich oder komisch. Die frühesten schei-nen naiv, aus heutiger Sicht betrachtet geradezu rührend ungeschickt, was Wie-derholungen von Serien wie »Get Smart!«, «The Invisible Man« (Der unsichtbare Mann) und »Dr. Who« ein großes Publikum garantiert.

Dabei geht es meistens um Dinge, die »nicht von dieser Welt« sind, wie Raumschiffahrt und Zukunftsperspektiven (Themen, die auch im Design vieler Haushaltsgegenstände der Zeit vorkommen), und die heute noch außerirdischer

Die schnucklige und triefende Gutartigkeit von »I Love Lucy« (oben) war tonangebend für eine ganze Reihe von Situationskomödien der fünfziger und sechziger Jahre. Wiederholungen von Lucys wohlgemeinten Patzern vermitteln nach wie vor das wohl-tuende Gefühl, daß nichts auf der Welt so schlimm sein kann, als daß man es nicht durch ein Achselzucken vergeben könnte.

123

scheinen als je zuvor. Mit die absurdeste Grundgeschichte weist wohl »My favourite Martian« (Mein Lieblingsmarsbewohner) auf. Ein Menschenkundler vom Mars mit gewaltigen Fähigkeiten ist auf der Erde gestrandet – und das ausgerechnet in Las Vegas, wo ihn ein Journalist unter seine Fittiche nimmt. Er gibt ihn als seinen Onkel aus, der seine Marsbewohner-Identität geheim- und seine Antennenfühler unter einem Hut verborgen halten muß! Oder vielleicht ist das gar nicht so absurd – liegt Vegas tatsächlich auf dem gleichen Planeten wie der Rest der Welt?

Die Sendungen, die auf der ganzen Welt stets aufs neue wiederholt werden, sind hauptsächlich die Ausgeburten eines gewissen Rod Serling, eine Lieblingsgestalt der Pantoffelkinoenthusiasten. Er war der Schöpfer, der wichtigste Autor und der Ko-Produzent von »The Twilight Zone« (Im Zwielicht), einer Phantasieanthologie-Serie, die 1959 ihren Einstand gab. Er erschien auch jede Woche, um die Geschichten einzuführen, wobei seine unheimliche Bildschirmpräsenz den nachfolgenden bizarren Geschichten einen gewissen Anstrich von Wahrhaftigkeit verlieh. Die zuverlässig ausgefallenen halbstündigen Science-fiction-Sendungen versetzten ihre Fans fünf Jahre lang jede Woche einmal in die sechste Dimension, und Serling wurde der berühmteste Fernsehautor Amerikas. Er war auch für eine andere unheimliche Fernsehserie verantwortlich, «Night Gallery» (Nachtgalerie), die 1970 begann und sich mit dem Okkulten befaßte. Hier nun sah man ihn jedesmal nach Ladenschluß in einer Kunstgalerie. Er begann seine Einführung, indem

Dick Yorke und Elizabeth Montgomery mit dem Baby Tabatha in »Bewitched« – Verhext – (oben) und die Schauspieler der »Mun sters«. Sie zeigen auf unterschiedliche Weise, was geschieht, wenn das Überirdische auf die mittelständische Gesellschaft trifft, wobei in beiden Programmen jedesmal die Mittelstandswerte per Knockout gewinnen.

er an den Bildern entlangging und dann vor demjenigen innehielt, das für die Geschichte des Abends stand, wie etwa vor einer erschreckenden Darstellung einer Kreatur, die um einen Friedhof streicht. Worauf sich das Bild zu beleben anfängt…

ALS KITSCH GEBOREN

Wie die Popmusik muß die Fernsehindustrie, will sie ständig neue Ideen liefern können, sich selber verzehren. »Monty Python« begann damit, in den späten Sechzigern die Konventionen auf surrealistische Art und Weise auf die Schippe zu nehmen. Heute hat sich Fernsehschund als derart populär erwiesen, daß viele Programmgestalter meinen, die Lösung bestehe darin, absichtlich Schund zu produzieren, aber um das Unkomische absichtlich komisch zu machen, braucht man Genie, und die Programme sind meistens Nieten. Die Produzenten begreifen nicht, daß die Anziehungskraft von Kitsch unter anderem genau darauf beruht, daß er zunächst einmal für ein Publikum produziert wurde, das ihn zunächst allen Ernstes mochte. Der schlechte Geschmack anderer Leute – wissen Sie noch?

Eine andere Möglichkeit bestand darin, krasse und peinliche Momente am

Benny Hill – vielleicht auch eine Kreatur mit Verbindung zum Überirdischen? Während der Stil der Damen seiner Show sich entsprechend den Moralvorstellungen der Zeit verändert, schaut Benny heute noch genauso aus wie vor 35 Jahren. Wenn dies keine Reklame für die verjüngenden Kräfte von schmutzigem Schulbubenhumor ist, muß es etwas mit dem geheimnisvollen Portrait zu tun haben, das er auf dem Dachboden versteckt.

125

Fernsehen zu feiern. Shows wie »Bloopers« (Ausrutscher) in den USA und »Clive James on Television« und »It'll be All Right on the Night« (Am Abend klappt's) in England bestehen zu einem guten Teil aus abgebrochenen Aufnahmen, Patzern und durcheinandergebrachten Texten, aber sie zeigen auch eine gewisse Auswahl dessen, was Menschen anderer Länder als unterhaltend empfinden, was aber den Präsentatoren der Show als eindeutig gräßlich erscheint. Beliebt ist dabei die legendäre japanische Spielshow »Endurance« (Durchhalten). Dieses Familienunterhaltungsprogramm stellt das Durchhaltevermögen der Wettbewerbsteilnehmer mit ekelhaften Foltern auf die Probe, wie etwa, wer den Kopf in einem Felstümpel voller fleischfressender Fische am längsten unter Wasser halten kann. Die Leute damit zu unterhalten, daß man sich über Ausländer und ihre deplazierten Vorstellungen von Unterhaltung lustig macht, mag eine gewisse Berechtigung haben, aber schließlich haben auch solche Sendungen etwas irritierend Hinterhältiges an sich.

Es mag unmöglich sein, Kitsch-Fernsehen bewußt zu schaffen, aber 1978 produzierte die amerikanische Autorin und Produzentin Susan Harris »Soap« (Seife), eine wunderbar lustige Parodie auf die amerikanischen Seifenopern des Vor- und Nachmittagsprogramms. Dabei ging es um das Leben der Familie Campbell und bezog auch Homosexualität, Religion, Sex, außerirdische Lebewesen und Senilität mit ein – oft in der gleichen Episode. Der Charakterkomiker Barry Humphries hat sein anderes Ich, »Dame Edna Everage« (Gnä' Frau Edna Tuchschnitt) zu einer Gestalt gemacht, die nun weit bekannter ist als er selber. Ursprünglich als Affront gegen den höflichen britischen Geschmack gedacht, ist seine ungehemmte und unverschämte übergroße Australierin ein Zeugnis für den

Dame Edna Everage (Gnä' Frau Edna Tuchschnitt) – einst ein auf die öffentliche Erwartungshaltung gegenüber Stars und den ihnen zugrunde liegenden Massenwerten abgeschossener Giftpfeil, läuft heute Gefahr, selber zu Kitsch zu werden, was damit anfing, daß sie sich zunächst selber verulkte, um sich prompt in eine besonders barocke Form von Kitsch zu verwandeln. Es ist äußerst schwierig, Kitsch in satirischer Form zu verulken, wie viele schwerfällige und unkomische Versuche bewiesen haben. Eine der erfolgreichsten Bemühungen war die sich lange im Programm haltende Fernsehserie »Soap« – Seife

Wie kann man eine Kitschdinner-party besser beschließen als damit, sich gemeinsam eine Folge Unter-wasserunterhaltung mit der aqua-tischen Superheldenmarionette Troy Tempest und der stummen Schönheit Marina in Gerry Andersons klassischer Fernsehpuppensendung »Stingray« zu Gemüte zu führen?

Trend zum institutionalisierten Kitsch. Sie wurde gerade dadurch so ungeheuer berühmt, daß sie genau die Eigenschaften, die uns vermeintlich aufs peinlichste berühren, voll ausspielte, und die Großen der Bühne, der Leinwand und der Poli-tik stehen bereitwillig Schlange, um sich in ihren speziellen Versionen von Talks-hows und Varieté-Sendungen auf die Schippe nehmen zu lassen.

KEIN ENTRINNEN – DER TREND ZUM INSTITUTIONALISIERTEN KITSCH

Das Fernsehen hat uns nach wie vor fest im Griff. Der Durchschnittsamerikaner oder Engländer verbringt jede Woche ohne weiteres über 20 Stunden damit, auf den hypnotischen kleinen Schirm zu glotzen. Und da einige herzige Eigenbrötler ihre Freizeit auch mit alternativer Freizeitgestaltung wie dem Lesen von Büchern, Fußballspielen oder dem Bau von Modellflugzeugen zubringen, bedeutet diese statistische Durchschnittszahl, daß sich ein gut Teil der Bevölkerung fast so lange vor dem Fernseher aufhält wie am Arbeitsplatz.

Kitschliebhaber mögen das Fernsehen, weil sie es durchschauen. Wenn auf dieser Dinnerparty die Bay-City-Rollers-Platte zu Ende ist, schieben sie eine Videokassette von »Captain Scarlett« ein. Ob sich die übrige Bevölkerung dem anschließt, bleibt abzuwarten, aber vielleicht wird sich die Sucht nach alten Pro-grammen mit der Mode, alte Videos abzuspielen, verbinden und die Fernsehdirek-toren begreifen, daß nur Nachrichten und Sportprogramme je etwas wirklich Neues bieten. Dann können wir uns alle hinsetzen und gemeinsam die katzengol-dene TV-Vergangenheit feiern. Aber was immer geschieht, das populistischste aller Medien wird sich weiterhin so betragen, daß die Kenner des siebzehnten Jahrhunderts, die den Begriff des »Guten Geschmacks« formulierten, nach ihren »Zap«-Knöpfen tasten würden. Kitsch as Kitsch can, ein jeder kitsche, was er kann, es gibt kein Entrinnen!

DANK

Ich bin vor allem folgenden Leuten entscheidend verpflichtet: Stephen Adamson für seinen unschätzbaren Beitrag als Redakteur (und vieles andere mehr); Sandra Cowell, die das Buch gestaltet, sich an den Bildrecherchen maßgeblich beteiligt und mich in allem unterstützt hat; Liz Eddison für ihre Bildrecherchen, Shaun Clarkson, Polly Grainger und Crestworth Ltd., James Lowe und Flying Duck Enterprises, Neil Mackenzie Matthews, Stephen Romney und seiner Too Damn Funky Collection, Dave Morley, Andy Inman und Bill Schriebman für die wunderbaren Fotos und die Beschaffung der geschmacklosesten Objekte für unsere Fototermine. Schließlich meinen Eltern und Phil Morrow und Paula Webb, die mir in der Schlußphase Psychiater-Liegen und Beruhigungspillen ersparten.

BILDNACHWEIS

Für die freundliche Genehmigung zum Abdruck danken wir den folgenden Archiven und Sammlungen: *Schloß Herrenchiemsee, Hotel Savoy* und *Dr. Johnson in [the] Ante Room of Lord Chesterfield* von E. M. Ward mit Genehmigung der Tate Gallery; der Mansell Collection; der Hulton Deutsch Collection; dem Weimarer Archiv für *Mutter und Kind* von Liselotte Schramm und *Das Erwachen* von Richard Klein; der Bridgeman Art Library für folgende Bilder: *Marilyn Diptych* von Andy Warhol, *Hummer Telefon* von Salvador Dali, mit Genehmigung von Christie's, London, *Galatée* von Gustave Moreau mit Genehmigung von Herrn Robert Lebel, Paris, *Johannes der Täufer* von Puvis de Chavannes mit Genehmigung des Barber Institute, Birmingham, *In the Car, fur* von Roy Lichtenstein, mit Genehmigung der Scottish National Gallery, *Campbell's Soup Can* von Andy Warhol mit Genehmigung der Saatchi Collection, *Got a Girl* von Peter Blake mit Zustimmung der Withworth Art Gallery, Manchester; Pierre et Gilles für *Die Medusa, St. Theresa* und *Der Torero,* mit Genehmigung von BFI Stills, Posters and Designs; The Scala Cinema; Camera Press; Gered Mankowitz; Shaun Clarkson für *The Nancy Reagan Teapot;* Musee Nationale d'Art Moderne, Paris, für Marcel Duchamps *Pissoir;* Popperfoto für *Weiches Selbstportrait* von Salvador Dali und andere Fotos; für die Genehmigung der Sonnabend Galerie für *Michael Jackson and Bubbles* von Jeff Koons; Riccardo Schicci und Jeff Koons für *Ilona on Top* von Jeff Koons; von Memphis für *Ashoka* und *Casablanca* von Ettore Sotsass und *Colorado* von Marco Zanini; The Board of Trustees of the Victoria & Albert Museum; Niall McInerney; Channel Four; Central TV; Topham Picture Library; Fotonachträge S. 37 und 128 H.-J. Horn, Berlin; Peter Ward für alle anderen Fotografien.

Die Originalfassung des Zitates von Hermann Broch (1933) auf S. 12 konnte leider nicht mehr ermittelt werden, es wurde daher unter Vorbehalt aus dem Englischen übertragen.

Übersetzung aus dem Englischen: Stephen Tree, Berlin
Redaktion dieser Ausgabe: Tom Fecht, Paris
Satz: MSP Satz & Grafik Verlag GmbH, Berlin
Produktion: Druckhaus Am Treptower Park GmbH, O-1193 Berlin

Printed in Germany   ISBN 3-88520-443-6   EP 443

ELEFANTEN PRESS Postfach 360440, W-1000 Berlin 36
Am Treptower Park 28–30, O-1193 Berlin

Die Deutsche Bibliothek – CIP-Einheitsaufnahme
Kitsch as kitsch can: Ein Konsumführer für den schlechten Geschmack/Peter Ward. Übers. von Stephen Tree, [Red.: Tom Fecht]. – Berlin: ELEFANTENPRESS 1992
   (EP; 443)
   Einheitssacht.: Kitsch in sync <dt.>
   ISBN 3-88520-443-6
NE: Ward, Peter; Tree, Stephen [Übers.]; EST; GT